L'ART

ET LES

ARTISTES CONTEMPORAINS

AU SALON DE 1859

Paris. — Imp. de la Librairie Nouvelle, A. Bourdilliat, 15, rue Breda.

ALEXANDRE DUMAS

L'ART

ET LES

ARTISTES CONTEMPORAINS

AU SALON DE 1859

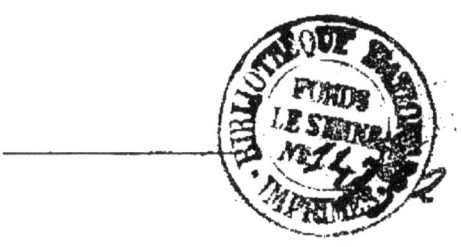

PARIS

LIBRAIRIE NOUVELLE

BOULEVARD DES ITALIENS, 15

—

A. BOURDILLIAT ET Cᵉ, ÉDITEURS

—

—

1859

LE SALON DE 1859

I

DELACROIX — HÉBERT — DIAZ — TROYON

Je sors du Palais de l'Industrie où a eu lieu l'Exposition, cette année, et c'est, tout chaud de mes impressions et avec de la peinture plein les yeux, que je prends la plume et que je vous écris.

Seulement permettez que je fasse précéder mon compte-rendu de quelques réflexions qui demandent impérieusement à marcher en tête de cette étude.

J'ai toujours été frappé de la différence d'impression

que je ressentais en visitant un salon de tableaux modernes ou un musée de tableaux anciens.

Dans le premier, les sens sont fatigués par la quantité innombrable de mauvais tableaux qu'étalent les murailles, par le défaut d'harmonie de l'ensemble, par les tons criards qui nous tirent un œil à droite et l'autre à gauche, par l'odeur de la peinture fraîche et du vernis. Le premier sentiment que l'on éprouve ressemble à du dégoût, celui qui lui succède est à coup sûr de la fatigue.

Aussi, de bonne foi, sans nous en douter, en jurant de notre impartialité, sommes-nous presque toujours injustes pour la peinture moderne. Nous connaissons souvent les hommes des ateliers desquels sort cette peinture, ils nous sont sympathiques ou antipathiques; les artistes ne savent point garder de milieu entre ces deux sentiments. Nous savons par cœur leurs défauts, leurs doutes, leurs défaillances. Nous ne séparons pas l'homme de l'artiste comme le fait la mort, et nous devenons, à l'insu de nous-mêmes, sévères dans notre appréciation.

Tout le contraire est ce que nous éprouvons quand nous entrons dans un musée de tableaux anciens. Nous y pénétrons d'ordinaire par quelque magnifique escalier de palais; cet escalier conduit à de belles et grandes salles silencieuses comme des temples ; les noms de ceux qui les peuplent ont été murmurés avec respect à nos oreilles d'enfant. Nous avons grandi dans leur religion, vieilli dans leur culte. Il y a **dix, quinze, vingt** ans que nous les admirons; cette admiration est un article de foi.

La critique, à leur endroit, serait presque un blasphème. Nous adorons les œuvres comme nous adorons Dieu, par sa manifestation seulement. Nous prêtons aux hommes qui nous sont étrangers, qui nous demeurent inconnus, toutes les belles qualités, toutes les hautes vertus que possèdent leurs tableaux, et au lieu de juger comme nous faisons pour les modernes les tableaux par les hommes, nous jugeons — jugement qui nous jette parfois dans une erreur non moins grande — nous jugeons les hommes par leurs tableaux.

Bref, dans un salon moderne on entre comme dans une salle de spectacle, un jour de première représentation, avec une fièvre de critique, et bien plus désireux de voir tomber la pièce que de la voir réussir, tandis que, dans un musée ancien, on ne pénètre qu'avec la ferme résolution d'admirer, d'applaudir, de louer.

Eh bien, nous allons tâcher d'échapper à cette influence que nous signalons. Nous allons essayer de rendre compte de l'Exposition de 1859 avec une entière impartialité. Sans parti pris d'école, oubliant les hommes pour ne voir que les artistes, nous critiquerons ou nous louerons sans nous arrêter à aucune classification de genre ou de renommée. Nous prendrons les noms tels qu'ils se présenteront à notre mémoire, en oubliant nos sympathies, nos antipathies, et même, ce qui est plus difficile, nos indifférences.

Nous serons juste, mais cependant avec une mesure

d'indulgence pour certains artistes ayant, malgré un fonds de talent, de la peine à se faire admettre par le public. Quelques-uns d'entre eux, il faut le dire, se sont trompés cette année, et nous avons été surpris de voir si peu de promesses réalisées.

Pour ceux-là notre indulgence se traduira par un silence complet.

Quant aux artistes d'un mérite contestable et cependant admis par le public au détriment souvent d'esprits plus élevés que les leurs et qui ont envoyé à ce salon des œuvres plus que médiocres, nous serons sévères pour eux. Pourquoi s'obstinent-ils à faire de l'art quand ils pourraient faire tout autre chose ?

Ainsi donc, nous le répétons, nous prenons l'engagement d'être vrai, sincère, sans parti pris, de dédaigner toute personnalité, de n'avoir ni amis ni ennemis, et de ne critiquer que les œuvres qui nous paraîtront dignes de la critique.

Mais, avant tout, avouons une tristesse dont nous avons été pris jusqu'au fond du cœur en visitant le salon : c'est que le niveau de la pensée va s'abaissant, c'est que les peintres de genre se substituent aux peintres d'histoire ; c'est que vingt tableaux de chevalets envahissent la place d'un grand tableau ; c'est que les succès de cette année, enfin, seront aux peintres d'animaux et aux paysagistes.

Pourquoi ces défaillances successives dans les jeunes générations ? Pourquoi cet oubli de la mission sainte ? Pourquoi cette espèce de négation de l'homme, ce mépris de la poésie, cette coupable apostasie de l'histoire, ce dédain des grandes pages, cet amour des petits feuillets, cette rage des Elzevirs ?

Vous me répondrez que la chose est la même en littérature qu'en peinture, que la génération théâtrale, à part deux ou trois robustes organisations qui ont résisté à une pression invisible mais positive, joue à la poupée, que de même que la loupe se fait place dans la peinture, le microscope s'introduit dans la comédie et le drame, et que le succès est aux petits actes comme il est aux petits tableaux.

Soit ! mais que prouve cela ?

C'est que les hommes chargés de diriger le goût du public, soit par faiblesse, soit par jalousie, non-seulement laissent ce goût s'égarer, mais encore le poussent dans la voie étroite, dans la route inférieure ; — il y a des époques où les grande organisations sont des reproches vivants aux petits mérites, où l'on plaint les princes que les changements de gouvernement chassent, mais où l'on déteste ceux que les révolutions respectent. On ne peut les nier, on les voile.—On aligne vingt petits tableaux pour cacher une grande toile, on couvre de cinq petits actes une grande comédie ou un grand drame. On entasse enfin colline sur colline pour masquer le Chimboraço ou l'Etna.

Vous aurez beau faire, messieurs ; au-dessus du présent on voit les cimes du passé, et quelques-unes de ces cimes, pour être couvertes de neige, n'en sont que plus éclatantes.

1.

Un dernier mot ; ne commençons pas notre œuvre sans protester contre certaines exclusions du jury. Ce corps mobile, mais qui depuis 1830 semble à chaque exposition nouvelle se recomposer des mêmes éléments, s'arroge un droit de censure que nous ne lui concédons pas : jamais nous ne reconnaîtrions, pour notre part, à un jury le droit de repousser des artistes dont le public seul est le juge, et tandis qu'il admet quinze cents tableaux sans valeur aucune, de laisser à la porte des toiles de Mme O'Connell, de Chaplin et de Millet.

N'avons-nous pas vu pendant dix ans ce jury qui vit de haineuses traditions, refuser systématiquement les Delacroix, les Decamps, les Barry, les Louis Boulanger, les Amaury Duval, les Isabey, les Flandrin, les Chasseriaux, les Leleu, les Th. Rousseau, les Préau, les Lehmann, les Tony Johannot et tant d'autres qui ont pressé la croix sur leur cœur quand elle leur est tardivement arrivée, non point parce que la croix est un signe de distinction et d'honneur, mais parce que la croix était la sauvegarde de leur génie, le passe-port de leur renommée.

Ce que nous écrivions en 1830, nous le répétons aujourd'hui, il est un certain point de l'art où, une fois arrivé, l'artiste ne relève plus de personne que du public. D'où vient cette orgueilleuse confiance de quelques hommes, que c'est la masse qui se trompe et eux qui ont raison ? On a assez longtemps laissé passer la justice du Roi, laissez un peu passer l'opinion du peuple.

Si le jury doit se souvenir de sa mission d'exclusivité, que ce soit pour cette foule d'études de paysages qui font

à merveille dans l'atelier, dont la destination suprême
est d'être montrée aux parents et aux amis, et qui n'ònt
d'autre mérite qu'un accent de nature. Il faut à ces
études des baguettes et non des cadres d'or. Souvent, un
croquis plein de vérité, parce qu'il a été fait sur place,
n'est qu'un trompe-l'œil au point de vue de l'art. Le
paysage doit être autre chose que la vérité positive qui,
se contentant de voir la nature avec de bons yeux ou
d'excellentes·lunettes, ne voit que ce que la nature
montre au premier venu ; la nature est comme la femme,
elle a ses mystérieuses beautés qu'elle voile aux regards
profanes et qu'elle cache avec pudeur aux simples pho-
tographes ; il faut, pour qu'elle lève le voile qui la
couvre, qu'elle soit convaincue, non-seulement de l'a-
mour, mais encore de la religion de cet amour. Le jour
où ce que nous disons cessera d'être une incontestable
vérité, Nadar et Macaire seront de plus grands peintres
que Rousseau et que Daubigny.

La présence de ces sortes de toiles nous fait naturellement regretter l'absence de certaines autres. Vos compatriotes, dont les noms figurent au catalogue, sont :
Robbe, J. Stevens, Hamman, Verlat, de Cock, Ro-
bert, Lies, de Knyff, Lamorinière, Ghémar, L. Dubois, etc., etc.

C'est une députation, mais ce n'est pas un contingent.
Les chefs manquent : où sont Gallait, Leys, Willems,
Madou, Alfred Stevens ?

J'ai fait une remarque à laquelle je désire enlever
toute apparence de critique et qui est plutôt une ques-

tion que je pose à la Belgique qu'un reproche que je fais
aux Belges.

Beaucoup de vos compatriotes viennent chercher à
Paris l'élément intellectuel qui semble leur manquer.
En effet, les artistes belges ont de grandes aptitudes aux
arts, mais aux arts sensuels seulement. La Belgique a
des musiciens remarquables, des peintres distingués, —
mais pas de poëtes. — Eh bien, cet élément intellectuel
que les peintres viennent chercher en France, ils ne savent pas toujours l'y trouver, c'est que les traditions de
votre pays, le climat, les mœurs de la Belgique, tout
porte les Belges à la peinture intime, à la peinture d'intérieur.

Ainsi je doute que votre gouvernement atteigne le
but qu'il s'est proposé, en faisant aux Chambres la pro-
position d'un crédit pour encourager la peinture mu-
rale, en engageant les Allemands à vous envoyer leurs
cartons.

Pour qu'un art profite des progrès d'un autre art, il
faut que ces deux arts aient une certaine analogie entre
eux, il faut que le plus grand se fasse comprendre du
plus petit, que le plus fort soit admiré du plus faible ;
— il n'en est point ainsi entre l'art belge et l'art allemand : le premier est le réalisme absolu, le second, la
rêverie pure.

Vous n'imiterez même pas les Allemands, vous ferez
de la contrefaçon allemande, voilà tout. Seulement sans
rien gagner aux cartons de Berlin et de Munich, peut-
être en essayant de les imiter, perdrez-vous ces qualités

d'observations intimes, cette étude sincère de la réalité qui est le fond de l'esprit flamand.

Dans un petit pays où manquent les grandes villes et les grands monuments, où fait défaut la littérature, où tout est pénombre, où l'on cherche vainement les lignes magistrales se dessinant sur un ciel transparent et pur, vous ne pouvez demander à vos artistes les sublimes conceptions des Léonard de Vinci, des Raphaël, des Véronèse. Vous avez eu Rubens, mais Rubens est votre exception. D'ailleurs, Rubens avait tout vu, Italie, France, Espagne; Rubens avait visité les palais, fréquenté les princes; Rubens était d'une autre époque, il racontait son temps, et non seulement il chantait les Flandres comme peintre-poëte, mais encore il les représentait comme ambassadeur.

Enfin il est le seul.

———

Entrons en matière.

A tout seigneur tout honneur. EUGÈNE DELACROIX, c'est-à-dire la grande personnalité qui, depuis 1830, domine impérieusement non-seulement son école mais toutes les écoles modernes, a envoyé huit petits tableaux au salon :

La Montée au Calvaire; le Christ descendu au tombeau; saint Sébastien; Ovide en exil chez les Scythes; Herminie et les bergers; Rebecca enlevée par le templier; Hamlet; les Bords du fleuve Sebou dans le Maroc.

Au premier abord, on croit que l'on a tout dit à l'endroit de cette puissante organisation sur laquelle l'Institut lui-même n'a pas eu de prise.

On se trompe : sur un homme comme Delacroix, il a y toujours quelque chose à dire.

Allez au salon et là vous verrez les bourgeois passer en riant, les jeunes gens s'arrêter et se renverser bruyamment en arrière, les demoiselles de la rue Breda accourir en sautillant comme des bergeronnettes ; mais où vous verrez les artistes s'arrêter, s'incliner sur la barre de fer, causer bas et religieusement entre eux en faisant des démonstrations linéaires avec le bout de leur doigt, vous pouvez dire : là, il y a un Delacroix.

Et, en effet, le génie de Delacroix ne se discute pas, ne se prouve pas, il se sent ; quiconque vient demander l'exacte proportion des têtes, le dessin mathématique des bras et des jambes, l'observation rigide des lois de la perspective, celui-là doit détester Delacroix.

Mais quiconque se plaît à l'harmonie des tons, à la vérité du mouvement, à l'originalité de la pose, à la création, enfin, d'un sujet vivant d'animation, étincelant de couleur, profond de sentiment, celui-là sera fanatique de Delacroix.

Delacroix est né pour peindre ; enlevez-lui couleur,

palette, pinceaux, toile, il peindra sur la muraille, sur
le pavé, au plafond, il peindra avec le premier morceau
de bois venu, avec du plâtre, avec du charbon, avec de
la salive et de la cendre ; mais il peindra, ou il mourra
de ne pouvoir peindre.

Supposez Ingres et Delacroix vivant trois cents ans
avant Apelles.

M. Ingres aurait inventé le dessin peut être, mais à
coup sûr Delacroix aurait inventé la peinture.

Son pinceau étrange, magique, surnaturel, produit
sur les artistes un effet inconnu jusqu'à lui, il donne le
vertige de la couleur.

Eh ! mon Dieu ! je sais aussi bien que ceux qui eussent refusé les tableaux de Delacroix, si Delacroix n'eût
pas été doublement exempt de l'épreuve préparatoire,
que son Herminie a la tête de trop, que le berger qui
s'effraye à sa vue et qui, en étendant la main, semble
toucher à une maison éloignée de lui de vingt pas,
opère un prodige, dans le genre de celui de Satan allon-
geant le bras par-dessus le Mançanares pour offrir du
feu à Don Juan, mais que m'importent ces défauts de
détails quand l'ensemble me ravit, quand la dégrada-
tion des nuances me conduit aux lointains par une
gamme non-seulement savante, mais harmonieuse, quand
la terre me semble faite pour encadrer l'eau, et l'eau
pour réfléchir le ciel ; quand enfin je reconnais que l'artiste, tout en s'inspirant de Rubens et de Paul Véronèse,
non-seulement est resté lui, mais encore a ajouté à la

palette de ces grands maîtres des tons qui leur étaient restés inconnus.

Le public reproche amèrement à Delacroix ces défauts que nous constatons, mais nous les constatons comme les défauts de ses qualités. Delacroix met relativement moins de temps à exécuter un tableau qu'à préparer sa palette, son tempérament est fougueux, il peint avec la force de son tempérament. Une fois le pinceau à la main rien ne l'arrête plus; il devait sortir, il sortira demain; il a faim, il mangera plus tard; son pouls bat cent fois à la minute, tant mieux sa peinture aura la fièvre, il se tuera à travailler ainsi. Qu'importe pourvu qu'il laisse un tableau de plus.

Il y a dans la couleur de Delacroix quelque chose du brillant du cachemire de l'Inde; le tissu en est moins régulier, le dessin en est moins savant que celui du cachemire français, mais mettez ces deux cachemires l'un à côté de l'autre, et vous verrez le second tué à l'instant même par le voisinage du premier.

Supposez que la photographie arrive à reproduire la couleur, disions-nous plus haut, elle annihilerait beaucoup de peintres modernes fort recherchés, fort estimés, fort loués, se vendant fort bien, mais elle passera près du talent de Delacroix sans y toucher; c'est que Delacroix ne copie pas la nature, il la traduit; il ne la reproduit pas seulement, il la fait passer au creuset de son génie et la jette au moule de sa personnalité.

Les toiles de Delacroix exposées cette année sont petites, mais les conceptions ont une telle grandeur que les dimensions du cadre disparaissent. On se dit en les regardant : ce sont les esquisses seulement que j'ai sous les yeux, les tableaux auront soixante pieds.

Toutes ces toiles sont remarquables, mais la plus remarquable de toutes, c'est celle qui représente le *Christ descendu au tombeau*. Le groupe de la Vierge, celui qui est à l'entrée de la grotte et sur lequel se joue encore la lumière du jour, est merveilleux d'expression. C'est bien la *Mater dolorosa* retrouvant ses dernières forces qu'elle avait cru épuisées au pied de la croix, pour suivre au sépulcre le fruit bien-aimé de ses entrailles.

Si nous nous occupions des autres toiles, si nous essayions de faire partager les sensations qu'elles nous font éprouver, l'étendue de ce feuilleton ne nous suffirait pas.

Parmi les noms qui appartiennent à la génération intermédiaire, citons le nom déjà justement célèbre d'HÉBERT ; ses tableaux sont remarqués et remarquables, mais c'est un talent tout opposé à celui de Delacroix et sur lequel, par conséquent, nous n'hésiterons point à faire de la critique méticuleuse.

Hébert peut, lui, soigner les détails des tableaux, car l'ensemble y gagnera : Hébert est un homme de détails.

Il a trois toiles au salon : *les Cervarolles*, *Rosa Nera à la Fontaine* et le *Portrait d'une Dame*.

Le plus important de ces trois tableaux de l'auteur de *la Malaria*, du *Baiser de Judas* et des *Jeunes filles d'Altevito*, est le premier, c'est-à-dire *les Cervarolles*.

Le sujet est de la plus grande simplicité ; seul l'éminent talent de l'artiste nous y intéresse.

Une vieille femme, vue de dos, gravit les escaliers d'une fontaine, tandis qu'une jeune fille de quinze ans et une petite fille de sept ou huit, vues de face, les descendent.

La couleur de ce tableau est charmante, mais tout au contraire de la couleur des tableaux de Delacroix elle est le résultat de la science, de l'esprit, de l'intelligence d'Hébert, mais non de son tempérament.

Hébert a une facture des plus distinguées, mais peut-être emploie-t-il, pour arriver au résultat qu'il veut atteindre, plus de ficelles, — servons-nous du mot consacré — plus de ficelles qu'il n'est besoin avec un talent de la force du sien.

Gardez-vous du métier, cher Hébert, que je ne connais pas, que je n'ai jamais vu, mais que j'aime comme tout ce que j'admire ; c'est un danger qui m'inquiète pour vous.

Votre peinture manque à certains endroits de franchise ; je la voudrais plus naïve, partant plus saine ; vos fonds sont de l'agate avec des filets de nacre, quand ils ont besoin de n'être que de pierre grise ou brune.

La tête de votre jeune fille est adorable d'expression et de sentiment ; la main qui tient le vase posé sur la tête est d'un dessin distingué ; toute cette figure, du front aux chevilles, est d'un galbe remarquable.

On verra tout à l'heure pourquoi nous disons du front

aux chevilles, et non, comme on aurait dû s'y attendre, de la tête aux pieds.

La petite fille qui tient une pomme dans la main est une Italienne pur sang, et d'un caractère vrai; mais il y a dans l'ensemble de toute sa petite personne une naïveté trop accusée, une bonhomie trop cherchée, un peu plus d'exagération dans ce parti pris, et le peintre aurait fait la charge du sentiment qu'il a voulu rendre.

Les pieds nus,—nous avons, on se le rappelle, fait une réserve pour les pieds, — les pieds nus de cette Italienne manquent de vérité, car ils manquent de fatigue. Ils sont d'un ton de chair violacé, maladif et mourant, qui n'appartient pas, comme coloration, au reste du corps.

En somme, aspect charmant, plein de couleur et de mélancolie, peinture rêveuse et qui fait rêver.

Le second tableau d'Hébert est de petite dimension : il représente plusieurs femmes italiennes puisant de l'eau à une fontaine.

Rosa Nera est isolée du groupe principal, assise sur la margelle, dans une attitude pensive.

Tout l'ensemble de ce petit bijou est d'une poésie adorable; les femmes sont de franches Italiennes n'ayant rien de ces Italiennes de convention qui séduisent les bourgeois et les bourgeoises avec leurs colliers et leurs aiguilles d'or. La petite fille, vue de dos et penchée sur la fontaine, est d'un caractère charmant, d'un dessin irréprochable; mais, comme je l'ai fait dans le grand tableau, j'introduirai dans le petit le même reproche à l'endroit des pieds et des tons nacrés de la pierre.

Plus de simplicité dans le fond donnerait plus de grandeur et d'importance aux personnages.

Ce qui me plaît le moins dans l'exposition d'Hébert, c'est son portrait. La nature, en posant devant certains peintres, leur fait certains reproches, entendus de leur seule conscience ; ces reproches les inquiètent.

En face de ce modèle qu'il ne pouvait pas masquer à sa fantaisie, habiller à son caprice, Hébert a été forcé d'abandonner toutes les ressources de son adresse habituelle et de redevenir lui ; aussi est-il plus faible. La dame dont il retraçait les traits était coiffée, autant que j'en puis juger, d'un velours dont le ton et la façon rappellent trop la chevelure ; les mains cherchent l'ombre et s'y effacent. C'est, je le sais bien, un parti pris pour faire valoir la tête. Les maîtres anciens parfois, eux aussi, cachaient l'exécution des mains, mais c'est lorsque, ne s'étant engagés qu'à reproduire la tête, ils donnaient les mains par-dessus le marché.

En somme, si j'appuie ainsi sur l'exposition d'Hébert et si je signale de légères taches que je vois peut-être seul, c'est qu'Hébert est un homme d'un véritable talent, pour les œuvres duquel j'ai la plus vive sympathie, qui mérite d'être placé au premier rang parmi les peintres nouveaux, mais dont la personnalité, parfois chancelante entre Scheffer et Decamps, a besoin d'être raffermie.

Decamps comme Hébert est peut-être, lui aussi, coloriste à force de volonté, mais, à côté de la couleur, ce qui fait de Decamps un maître, c'est le caractère vraiment personnel que son génie donne à chaque chose. Un homme de Decamps est un homme de Decamps et de nul autre. Un cheval, un chien, un singe de Decamps ne peuvent pas être confondus avec un cheval de Géricault, un chien de Jadin ou un singe de Stevens ; ils sont signés sans signature, sans initiale, sans chiffre ; montrez-moi une chaise, une table, une cuiller, le plus petit objet peint par l'auteur de la *Bataille des Cimbres* et de *Joseph vendu par ses frères*, et je m'écrierai : Decamps !

Voilà le génie, tout ce qui n'en arrive pas là n'est que du talent. Tout au contraire d'Hébert, arrivés plus vite que lui, Diaz et Troyon, dont nous allons nous occuper, sont nés peintres. Ils étaient déjà peintres avant d'avoir du talent.

DIAZ a parlé avant de savoir sa langue ; il écrivait qu'il ne connaissait pas encore ses lettres. Aussi sent-on, à chaque instant, dans ses œuvres le temps d'arrêt qu'il est obligé de faire, le pas rétrograde qu'il est forcé d'exécuter pour apprendre les commencements d'un art où ses prodigieuses pochades lui avaient déjà fait une réputation.

Diaz, c'est la lumière ; il portait un nom prédestiné. Tout enfant il a joué avec les rayons du soleil : comme Prométhée il lui a emprunté une portion de sa flamme. Mais qu'il y prenne garde, il a plutôt capricieusement ou instinctivement joué avec cette flamme qu'il ne s'en est savamment servi.

Hébert, au contraire, a commencé par apprendre son alphabet, par étudier sa langue ; il a caché les bégayements de son pinceau, que ne craignait pas d'éparpiller Diaz. L'esprit d'Hébert lui est venu après la science. La science chez Diaz vient après l'esprit, et l'on sent les tâtonnements du crayon sous la fougue de la brosse.

Delacroix, Diaz, Troyon, comme Titien, comme Véronèse, comme Rubens, ne pouvaient être que des peintres ; d'autres artistes de grand talent pourraient faire d'habiles médecins et d'excellents avocats.

Dans ce moment Diaz tâtonne ; après avoir été maître sous lui-même, on dirait qu'il s'est fait élève de Prudhon et du Corrége.

Pourquoi cela ?

Allez voir un charmant paysage de Diaz, cherchez-le jusqu'à ce que vous l'ayez trouvé, c'est le seul spécimen que possède de son ancienne manière l'exposition de 1859.

Puisque nous avons nommé Troyon à côté de Diaz, passons à Troyon ; nous reviendrons à Diaz tout à l'heure.

Ici encore nous avons affaire à un talent robuste, qui ne tâtonne pas, à un athlète peintre, qui ramasse une couronne à chaque lutte, qui grandit à chaque exposition.

TROYON se présente au salon avec six toiles des plus belles qu'il ait jamais faites ; aussi obtient-il un succès croissant et mérité.

Sa peinture est jeune, honnête, amoureuse, pleine de

séve, de vérité, de personnalité, de tempérament. Elle
ne rappelle aucun maître, ni espagnol, ni italien, ni
flamand.

Elle ne rappelle que lui-même.

Troyon n'est pas un paysagiste comme Daubigny,
n'est pas un faiseur d'animaux comme Landseer. Quand
la rage du pinceau le prend, il achète une toile telle
qu'il la trouve, et il y enferme une lieue ou deux de
plaine ou de bois, de prairie ou de marais, dans laquelle
il groupe les animaux qui appartiennent à cette plaine,
à ce bois, à cette prairie ou à ce marais.

Un des faux évangiles raconte qu'un jour un rabbin
juif rencontrant Jésus enfant qui, le samedi, faisait des
petits oiseaux avec de la terre détrempée dans l'eau, lui
reprocha de travailler un jour de sabbat.

— Je ne travaille pas, répondit le petit Jésus, je crée.

Puis, se tournant vers les petits oiseaux qu'il venait
de pétrir :

— Couvrez-vous de plumes et envolez-vous, dit-il aux
petits oiseaux.

Et les petits oiseaux se couvrirent de plumes et s'en-
volèrent.

Troyon non plus ne travaille pas. Il crée.

Troyon n'est pas un amant de la forme; aussi dans
ses tableaux ne se préoccupe-t-il pas de faire dominer
les animaux par leur caractère; non, tout l'intéresse à
un égal degré, terrains, ciel, arbres, fond, nature morte,
nature vivante; s'il cherche quelque chose, c'est l'aspect
général, c'est le jeu de la lumière sur le tout : voilà ce

qu'il veut exprimer, voilà ce qu'il rend avec tant de science.

Troyon est, comme Delacroix, un vrai tempérament de peintre. On sent qu'il s'amuse, qu'il se délecte, qu'il jouit en peignant ; aussi il ne se fatigue jamais, monte-t-il sans cesse, progresse-t-il toujours. Les artistes qui peignent avec la science et qui n'arrivent à un résultat qu'à force d'esprit s'usent vite et ne s'arrêtent dans la voie du progrès que pour reculer et perdre en un jour le terrain conquis en un an.

Tout le monde comprend la peinture de Troyon, par la raison qu'elle manque un peu de distinction. Est-ce un défaut, est-ce une qualité ? On lui reproche aussi de faire des effets de lumière électrique qui sentent le décor, mais nous croyons, nous, que c'est à force d'avoir étudié la nature ou plutôt fraternisé avec elle, qu'il est parvenu à nous rendre l'aspect de la nature d'une si splendide façon.

A notre avis, un des plus beaux morceaux de peinture du salon est son étude de chien. La tête de l'animal, qui tient dans sa gueule un perdreau et qui se détache sur un ciel sombre, est d'une couleur resplendissante.

II

TROYON — DIAZ — MILLET — HAMON — BAUDRY
GÉROME

Nous avons dit dans notre précédent chapitre que TROYON se préoccupe bien plus de l'aspect et de l'effet de la lumière dans ses tableaux que de la forme de ses personnages et de ses animaux.

En effet, cette manière d'employer et de comprendre la lumière est une façon toute moderne d'interpréter la nature, c'est un côté *de l'art*, remarquez bien que nous ne disons pas *de la vérité*, dont les maîtres ne se sont jamais préoccupés.

Or, cette interprétation de ce regard de Dieu qu'on

appelle le jour, la lumière, le soleil, suffirait pour faire de Troyon, qui est déjà un maître, plus qu'un maître, un novateur.

Regardez, pour vous convaincre de ce que nous disons, les œuvres de cet artiste qui figurent au salon cette année.

Il est difficile d'être plus *empoignant* (qu'on nous passe ce terme d'atelier) que ne l'est Troyon dans son tableau : *le Départ pour le marché.*

Un paysan et une paysanne, montés sur un âne, mènent au marché une bande d'animaux : moutons, vaches, agneaux, brebis. Ce troupeau est vu de face et avance sur le spectateur. Il est de grand matin ; tout dans la nature conserve encore l'humidité de la nuit. Mais un soleil blond perce le brouillard et commence à se refléter dans les gouttes de rosée qu'il va boire.

On sent, malgré cette fraîcheur matinale, que la journée sera chaude.

Ce n'est plus de la peinture ; à force d'art le travail du pinceau a disparu. L'effet du tableau est saisissant, plein de vérité, d'animation, de vie. Vous venez d'ouvrir votre fenêtre sur la campagne et vous admirez un des plus ravissants aspects de la création — ce moment virginal et rapide qui passe entre l'aurore et le matin.

C'est là du vrai soleil, doux, fin, caressant, du soleil soyeux ; les ombres en sont vigoureuses, tout en restant blondes. Les animaux sont bien des bêtes, bêtes qui vont au marché, sans se douter qu'elles vont à l'abattoir, sans avoir l'air de poser devant les spectateurs pour

la mort prochaine. Elles marchent sur les feuilles hu-
mides qui se détachent des arbres et qui tombent à
terre par l'action des premiers rayons du soleil.

C'est de la poésie vraie; c'est de la peinture appétis-
sante, sans charlatanisme aucun.

Ce que j'admire dans Troyon, c'est que pas un de ses
tableaux ne ressemble à l'autre; chacun d'eux me fait
ressentir une impression nouvelle. C'est un vaillant
amant de la nature toujours impressionné, et différem-
ment impressionné par elle; elle, de son côté, lui rend
son amour, en dévoilant à cet amour mille beautés nouvelles et inconnues; à coup sûr ces tableaux-là ne sont
pas faits à froid et dans un atelier. Ils sont faits dans
les bras et sous les baisers de la création elle-même.

Le Retour à la ferme est une œuvre toute différente,
comme impression et comme aspect, de celle dont nous
venons de parler. Entre le premier et le second tableau
tout un jour a passé. C'est le soir, le soleil va bientôt se
coucher et jette un dernier rayon sur la nature. Un
troupeau d'animaux s'achemine vers la ferme : ils ont
bien cette nonchalance de l'instinct. Ils savent qu'ils
rentrent chez eux, que c'est une habitude prise, qu'ils
en font autant tous les jours. Ils rentrent en flânant
avec un regret visible, s'arrêtant le plus qu'ils peuvent
à droite et à gauche, qui pour boire, qui pour brouter.

L'ensemble de cette page est admirable de couleur.
C'est un concert harmonieux, c'est une douce sympho-
nie dans laquelle pas une fausse note ne blesse, nous ne
dirons pas l'oreille, mais les yeux.

Il y a dans ce tableau un chien qui court, à la clef nous avons bien envie de dire, et qui donne à toute la gamme sa véritable valeur : c'est une tache noire franche, un parti pris, ôtez ce dièse et toute l'harmonie de la gamme aura disparu.

Troyon est coloriste d'instinct, sans chercher comme Decamps, ce grand coloriste de volonté, à faire de la couleur.

La Vue prise des hauteurs de Suresne est un paysage plein d'air où dominent les taches harmonieuses et colorées de quelques animaux. On se surprend à respirer devant ce tableau, et je suis convaincu que si on lançait une pierre dans ce paysage, elle irait au bout de son jet sans rencontrer la toile : le ciel en sort vivant, mouvementé, presque mobile ; un malade que ses affaires retiendraient à Paris et auquel son médecin recommanderait l'air de la campagne, pourrait, en achetant ce tableau, suivre l'ordonnance sans bouger de chez lui ; il le placerait à portée de sa vue, et je suis convaincu qu'au bout de huit jours il commencerait à éprouver les effets salutaires de l'air vivifiant.

J'aime moins *la Vache blanche qui se gratte* contre un arbre, c'est toute une petite scène intime de la vie des animaux ; l'animal jouit bien, l'œil est plein de voluptueuse langueur, mais là où Troyon cherche avec plus d'insistance le dessin, l'exécution, l'expression, Troyon fait de la peinture plus dure, plus sèche, nous nous arrêtons, nous allions dire presque maniérée.

Même observation pour *les Vaches allant aux champs*.

Revenons à un autre maître que nous avons abandonné un peu sèchement et vis-à-vis duquel nous avons presque un remords.

Revenons à DIAZ, revenons à ce talent sympathique qu'on aime de tout son cœur et qu'il faut châtier justement parce qu'on l'aime.

Ne parlons pas de ses *deux portraits* où l'artiste a eu je ne sais quelle préoccupation de *la Joconde*. C'est tout bonnement, tout carrément une erreur, mais cette erreur ne touche en rien à Diaz, elle n'écorne aucune de ses qualités ; c'est un moment d'aberration, une heure de folie, un caprice qui a passé au travers de cette somptueuse imagination et qu'il a satisfait au risque de ce qui pouvait en arriver.

Nous leur préférons *l'Éducation de l'amour*; mais est-ce un ami qui pour donner un conseil, est-ce un ennemi qui pour nuire, a placé cette charmante peinture entre les deux toiles les plus harmonieuses de Delacroix, entre *la Montée au Calvaire* et *la Descente au sépulcre ?* Nous croyons, nous, que c'est un ennemi:

Diaz a encore cinq tableaux-sujets, comme on dit : *la Galathée, Vénus et Adonis, la Fée aux joujoux, l'Amour puni* et *N'entrez pas*.

Dans *l'Éducation de l'amour*, dans *Vénus et Adonis*, dans *la Fée aux joujoux*, on retrouve toute la jeunesse de Diaz, tout le prisme éclatant de sa palette, une coloration de fleurs et de tons de chair d'une finesse que lui seul possède. Mais l'ensemble des lumières est crayeux, c'est de la chair peinte et non de la peinture de chair, et je dirai à Diaz ce que je dis à certaines femmes : avec un si beau teint, pourquoi mettre de la poudre de riz?

L'Amour puni, dont on a coupé les ailes et qui pleure, est d'une invention charmante dans le goût antique ; là les chairs sont excellentes, et d'une admirable qualité de ton.

N'entrez pas est encore une erreur du grand coloriste; il y a une telle désharmonie de ton que nous n'y reconnaissons plus ce roi de la lumière qu'on appelle Diaz.

Mais où nous reconnaissons Diaz, c'est dans sa *Mare aux vipères*.

Ah ! là, Diaz est tout entier, partie et revanche; cette forêt est vivante comme celle du Tasse, la séve y bouillonne ; les branches poussent en se tordant au milieu d'un luxe de feuilles ; chaque tronc d'arbre palpite sous la mousse que l'humidité engendre, développe, nourrit; l'eau est à la fois verte et tiède. C'est bien comme l'a appelée le peintre, mordu lui-même par une vipère, c'est bien la mare aux vipères.

Beau tableau qui suffit heureusement à faire oublier les autres, et qui change en un temps d'arrêt cette infériorité qui, sans lui, serait une chute.

Des forêts, Diaz, des prairies, de mystérieux bosquets pleins de roses et d'amour, de ruisseaux et de nymphes, mais pas de portraits, pas de grande figure; telle quantité de ton est ravissante dans un petit espace, qui perd toute sa finesse lorsqu'elle est étendue sur une grande toile.

Des chefs-d'œuvre d'harmonie, de couleur, de lu-

mière, vous nous en avez tant donnés que nous avons
le droit de vous dire : Encore, Diaz, encore !

MILLET, et nous abordons ce nom avec hésitation, —
avouons franchement la chose, — *Millet* n'a exposé qu'un
tableau : *Femme faisant paitre sa vache.*

Le jury a refusé à Millet son second tableau : *la Mort
et le Bûcheron.*

Nous ne l'avons pas vu, nous n'en parlons donc que
pour exprimer un regret, c'est que le public n'ait pas
un document de plus à consulter, dans le procès qui
s'instruit en ce moment à l'endroit du vigoureux artiste.

Millet produit, en entrant au salon, l'effet qu'y pro-
duisit Courbet, il y a six ou sept ans. C'est un *tolle* d'in-
dignation de la part des uns, c'est un *hourra* d'admiration de la part des autres.

Nous aimons ces sortes d'entrées dans le domaine de
l'art ; les hommes médiocres ne traînent pas tant de
bruit derrière eux.

Nous avons été rarement du nombre de ceux qui
criaient *tolle*. Nous ne sommes pas encore de ceux qui
crient *hourra*.

Voici cependant les trois qualités que nous reconnaissons à Millet.

Personnalité, originalité, étrangeté.

Il n'en faut pas tant pour ne pas être compris du premier coup par le public.

Est-ce du beau, est-ce du laid, est-ce du mauvais, est-ce
du bon ?

À coup sûr c'est du nouveau.

Ce nouveau, compris ou non, doit intéresser les hommes arrivés, inquiéter les jeunes artistes qui cherchent leur voie.

Je ne dirai pas : voici ce que nous reprochons à Millet ; je dirai : voici ce qu'on reproche à Millet.

On lui reproche de faire des paysans et des paysannes qui se rapprochent plus de la brute que de l'être humain, de chercher des types qui peignent l'idiotisme.

Les personnages de Millet n'ont point, en effet, reçu la face sublime, l'*os sublime*, apanage de l'homme, et ce n'est point à eux que Dieu a ordonné de lever les yeux vers les astres et de regarder le ciel.

Maintenant ne peut-on pas répondre à ce reproche par cette excuse :

Millet veut faire des paysans et non des penseurs, l'habitude de vivre avec certains animaux et surtout avec ces grands bœufs ruminants dont parle Virgile, ne peut-elle pas faire qu'à la longue les natures inférieures prennent de leur placidité et arrivent à leur ressembler ? — À la rigueur, cette thèse peut se soutenir.

Mais j'aimerais mieux, moi, regarder plus loin, je préférerais vous dire ceci :

Millet habite les champs qu'il a constamment sous les yeux et qu'il rend avec une grande vérité. Cherchez bien, et vous ne trouverez pas dans ses paysans la stupidité maladive qu'y voient les critiques superficiels ou les détracteurs de parti pris, mais un air de calme, de force et de cette souffrance contenue de l'être qui ne se rend pas bien compte de sa souffrance ou plutôt de la raison pour laquelle il souffre.

Les sujets, direz-vous, sont ordinairement tristes, désolés, lamentables. Qui sait si l'artiste qui raconte avec son pinceau comme nous racontons, nous, avec notre plume, qui sait si cet artiste n'écrit pas les mémoires de son âme, et s'il n'est pas triste et désolé lui-même de voir des êtres travailler toujours sans espoir d'arriver jamais au calme, au repos, au bonheur?

Dans tous les cas, le tableau exposé cette année est une œuvre, et la preuve c'est qu'il a été acheté par Troyon dans l'atelier même de l'artiste.

Il faut pénétrer le talent de Millet, il ne s'explique pas dès l'abord par les yeux seulement.

En musique et en peinture, je n'aime pas beaucoup ce que je ne comprends pas tout de suite; mais cependant j'hésite à porter sur ces sortes d'œuvres un jugement trop hâté.

Je suis retourné trois fois au salon, et chaque fois, non qu'il me soit sympathique, mais pour ne pas être injuste envers lui, je me suis arrêté une demi-heure devant le tableau de Millet.

Voici ce que j'ai vu :

Une jeune fille tient sa vache par une corde, l'animal est probablement le gagne-pain de toute la famille ; le terrain où la jeune fille promène sa vache est pauvre. On voit bien que les riches prairies ne sont faites ni pour l'une ni pour l'autre. Mais enfin la bête vient de rencontrer une touffe d'herbe, et la paysanne ouvre doucement la main pour donner, en lâchant la corde, toute facilité de brouter à l'animal.

Voilà le sujet. Il est d'une simplicité biblique.

Millet a bien la couleur de son dessin ; l'ensemble du tableau est harmonieux et triste, le ciel est d'une finesse remarquable ; rien ne tient de la tradition ni de la convention. L'auteur ignore-t-il ? l'auteur dédaigne-t il ? il me serait impossible de le dire devant cette exécution qui n'a rien du métier.

Au reste, pas de détails qui nuisent à l'ensemble, tout est exprimé par l'enveloppe, la forme, la silhouette ; il règne dans cette composition une simplicité, une placidité presque religieuse, une naïveté qui appartient à l'artiste et qui n'est aucunement cherchée.

On assurait autour de moi que Millet n'était arrivé à cette simplicité que par l'étude intelligente de l'antiquité.

Là, je l'avoue, je me perds, mon œil n'a pas assez d'acuité pour suivre la ligne qui conduit de la Vénus de Médicis ou de Milo à la paysanne que j'ai sous les yeux.

Ce serait peut-être plus vrai de la vache que de la femme, et descendrait-elle du bœuf de Mithra ou du taureau Farnèse ; ce que je sais, c'est qu'elle est monumentale de forme, qu'elle est d'un caractère antédiluvien, qui la fait presque autant ressembler à un hippopotame qu'à une vache ; ce n'est point la vache d'un peintre d'animaux comme Troyon ou Brascassat. C'est la vache d'un peintre qui, par accident, par hasard, fait une vache.

Mettez un pinceau au lieu d'un ciseau dans les mains de Barry, et il fera une vache qui aura de l'analogie avec celle de Millet.

Je ne sais pas si Millet est un grand peintre et si ce qu'il fait est de la grande peinture, mais je sais que son tableau est un mauvais voisinage, il rapetisse ce qui l'entoure.

Si à la prochaine exposition Millet expose, et si nous sommes de retour en France ou encore de ce monde, notre première visite sera pour lui. Cet avenir nous préoccupe.

Nous aurions voulu ne pas prononcer ici le nom d'HA-MON, mais il nous est impossible de ne pas constater que la corde toute nouvelle, mais un peu molle, que cet artiste avait touchée dans l'art à ses débuts, s'est détendue tout à fait, et que son ingénuité maniérée l'amène à faire le triste tableau qu'il expose cette année. Cette corde, ou plutôt cette ficelle, qui ne tenait pas à la peinture, va s'user rapidement. Le tableau d'Hamon de cette année est franchement mauvais sous tous les rapports.

L'Amour en visite, c'est le titre sous lequel il est inscrit au catalogue. Un amour fort pressé, si l'on en juge à la crispation de tout son petit corps, frappe à la porte d'une chaumière; les planches mal jointes laissent apercevoir la tête railleuse d'une jeune fille, laquelle semble bien décidée à ne pas ouvrir.

Le catalogue a certainement fait une erreur dans l'inscription de ce tableau ; c'est le pendant de *ma Sœur n'y est pas*, et son vrai titre est *ma Sœur y est*.

BAUDRY a envoyé au salon deux tableaux, trois portraits et une étude de petite fille.

Nous n'avons pu jusqu'à présent découvrir le portrait de *M*me *L. B...*

Il est évident que ce serait plus qu'un oubli, que ce serait une injustice de ne pas citer le nom de Baudry parmi les nouveaux noms qui réclament leur place dans la grande famille des peintres ; mais débutons par une grave critique : disons-lui tout d'abord et franchement qu'il manque complétement de personnalité, et que sa préoccupation des maîtres le jette dans une trop grande recherche du métier.

Ainsi, par exemple, son étude de *Petite fille* n'est pas une étude de petite fille ; une étude se fait sur nature ; ce qui se fait sur toile est une copie : copie de Velasquez, copie de *la Petite infante* que l'auteur a laissée à l'état d'ébauche, attendu que plus il eût fini cette ébauche, plus elle eût été la copie d'un original trop connu pour que le premier venu ne mît pas le doigt dessus.

Le seul changement qu'ait fait l'artiste, c'est de mettre à son *infante Guillemette* des rubans bleus au lieu de rubans roses.

La peinture de Baudry, pleine d'esprit et d'intelligence, est maigre, pauvre et maladive, malgré tout cela. Pourquoi ? parce qu'elle manque, comme nous l'avons dit, de personnalité.

La personnalité, c'est le tempérament des œuvres d'art.

J'aime les artistes qui se trompent carrément, qui, du choc qu'ils donnent à la borne du stade, ébranlent tout, même leurs renommées ! ceux-là, avertis par l'ébranlement même, s'écartent du rocher et se raffermissent.

Mais ceux qui dépensent leur intelligence à s'inspirer de l'art ancien ne font point progresser l'art moderne. Ils prennent, à la longue, du faire, de l'acquis, de la certitude même, mais on sent que la nature reste muette pour eux, qu'elle ne leur raconte rien, ne leur montre rien. Aussi de nos jours voyez les paysagistes, voyez les peintres d'animaux, ce sont eux qui fêtent, qui courtisent, qui caressent la nature; aussi eux seuls font-ils des progrès.

Antée reprenait des forces chaque fois qu'il touchait terre. Touchez donc la terre et pas la toile, vous qui voulez non-seulement reprendre, mais doubler vos forces.

Ce que nous préférons dans le salon de Baudry, c'est le portrait de *M. le baron Jard Panvilliers*, portrait distingué et plein de vie, parce que cette fois l'artiste, au lieu d'avoir une toile de maître devant les yeux, a eu l'œuvre du créateur. Il a copié encore, mais il a copié la vie. Seulement au-dessous de ce portrait est placée *la Madeleine repentante*, toile d'un ton fin, d'un parti pris grisâtre qui ne manque pas de distinction ; mais qui, à côté de beaucoup de talent et de science, laisse presque tout à désirer sous le rapport de l'invention et de la couleur.

Cette Madeleine, couchée à terre, appuyée sur un

bras, le corps à moitié couvert, les cheveux au vent, est petiote, maigre, mesquine, et ressemble bien plus à la pauvre Marie Duplessis — la dame aux camélias — qu'à l'ardente et robuste Madeleine des saintes Écritures, à la puissante courtisane prodigue de ses parfums, prodigue de ses cheveux, prodigue de ses larmes, comme elle avait été prodigue de ses amours.

Si le catalogue ne nous affirmait pas que cette Madeleine est de l'auteur du portrait de M. Jard, nous n'y croirions pas.

Nous cherchons alors où est la nature, le tempérament, enfin la personnalité de Baudry. Nous lui demandons une œuvre qui soit bien sienne et sans préoccupation des anciens.

La Toilette de Vénus est peut-être plus faible encore ; c'est une peinture dénuée de toute vigueur ; comme coloration et comme animation, elle ressemble à la peinture française du dix-huitième siècle, non pas à celle de Watteau, par malheur, et elle manque tout à la fois de simplicité et de solidité.

Il n'est pas permis à notre époque de comprendre une Vénus de cette façon.

La voulez-vous dans Homère ?

La voici :

« Lorsque Junon se fut parée de tous ses ornements, elle marcha hors de sa chambre, et ayant appelé Vénus loin des autres divinités, elle lui dit ces paroles :

» — Fille chérie, obéiras-tu à ce que je vais te demander, ou refuseras-tu, irritée au fond de ton cœur de ce que je secours les Grecs, tandis que toi tu secours les Troyens ?

» Et Vénus, fille de Jupiter, lui répondit :

» — Junon, déesse vénérable, fille du grand Saturne, dis-moi ce que tu désires, mon cœur me porte à faire selon ta volonté.

» Or, la vénérable Junon dit à Vénus, essayant de la tromper :

» — Donne-moi donc l'amour et les désirs avec lesquels tu domptes les dieux et les hommes.

» Or, Vénus, aux lèvres riantes, lui répondit :

» — Il ne me convient point de refuser sa demande à celle qui dort dans les bras du puissant Jupiter.

» Elle dit, et détache de sa poitrine sa ceinture aux riches broderies, aux mille couleurs, où se tiennent renfermées toutes les attractions : l'amour, les désirs, les doux entretiens, l'aimable causerie, le langage séducteur, qui captivent jusqu'à l'esprit des sages.

» Et Vénus la dépose dans ses mains en disant :

» — Prends maintenant et mets dans ton sein cette ceinture aux mille couleurs dans laquelle tout est renfermé ! »

Aimez-vous mieux la Vénus moderne, celle d'Alfred de Musset, non moins antique, non moins fécondante que celle d'Homère. La voici :

Regrettez-vous le temps où le ciel sur la terre
Marchait et respirait dans un peuple de dieux,
Où Vénus Astarté, fille de l'onde amère,
Secouait, vierge encore, les larmes de sa mère,
Et fécondait le monde en tordant ses cheveux ?

Quand vous voudrez faire des Vénus, monsieur Baudry, ne copiez pas les peintres, lisez les poëtes.

Le *Portrait de M. Vilgruy*, du même artiste, est moins distingué que celui de M. Jard Panvilliers; il est, nous l'avouons, habilement peint, mais mince de façon. L'auteur s'est servi de son couteau à palette, du jeu de la toile, des hasards heureux, pour arriver à son résultat, et ce résultat tient plus de l'escamoteur que de la volonté du peintre qui cherche à rendre et à exprimer par la simplicité des moyens.

Un des grands succès de l'année, — en histoire le plus grand, — appartient bien certainement à GÉROME.

Ici nous ne discutons pas le côté du peintre, l'artiste semble lui-même l'abandonner et ne chercher par aucun moyen à nous y faire croire.

Gérôme se montre à nous cette année dans la vraie nature de son talent. Son *Duel de Pierrot* est une surprise, le tour de force d'un homme d'esprit, un chef-d'œuvre de volonté, un caprice de talent. Nous n'aimons pas non plus ses petits tableaux des *Pifferari*, où il semble vouloir lutter avec la photographie. Il y a là un véritable danger, et nous le signalons aux peintres pour qu'ils s'en écartent; la vue de pareils tableaux fatigue, on n'y voit que la main, mais ni le cœur ni l'âme de l'artiste.

La foule qui entoure les tableaux de Gérôme, constatons tout de suite ce fait, est bien plutôt amenée devant eux par l'érudition de l'artiste, par ses recherches historiques, que par ses qualités de peinture, qui sont à peu près nulles.

Vous entendrez dire dix fois : *Comme c'est savant !* pour une fois : *C'est beau !*

Gérôme est possédé par le goût du détail intéressant. M. Ingres seul, peut-être, l'apporte plus que lui, mais dans la forme. Pour exprimer ce qu'il veut rendre, Gérôme pousse la volonté jusqu'à l'entêtement. Au reste, il marche courageusement dans sa voie, ne cherchant pas à tromper le public, sa peinture n'escamote rien. Il ne se préoccupe pas de la couleur ; la ligne, la forme, la science, le détail, l'érudition lui sont tout.

Gérôme possède un vrai, un grand talent ; il demeure un des rares représentants de l'art élevé. Historique, poétique, savant, il s'y cramponne et lutte de toutes ses forces pour l'arrêter sur la pente du matérialisme où il roule.

Commençons par le tableau de Gérôme que nous aimons le moins, par *le Roi Candaule.*

Le sujet est mal compris et manque de caractère ; pourquoi ? Parce que le peintre, préoccupé de *la Stratonice* de M. Ingres, à laquelle il n'a probablement pensé qu'en exécutant son tableau, n'a de ce moment plus été lui.

Le roi Candaule, déjà couché et attendant la reine qui se déshabille, est sans tournure. Son geste de porter la main à la bouche est mesquin. La lumière qui brûle derrière son lit n'éclaire rien, tandis qu'elle devrait éclairer les belles nudités tant vantées par son imprudent orgueil.

La reine n'est pas belle, le torse est en bois, la tête ne saurait tourner sur les épaules, la figure, enfin, qui devrait dominer dans le tableau, n'y tient qu'une place secondaire.

En somme, c'est non-seulement un effet, mais une chose manquée.

Tout au contraire, dès le premier coup d'œil qu'on jette sur lui, *le César* est d'un effet saisissant, mais puisque l'auteur se pose en archéologue plutôt qu'en peintre, nous lui ferons quelques observations, à son propre point de vue.

Rien à dire pour la composition du sujet, elle est grande, saisissante, solennelle.

C'est cette phrase de Suétone :

Exanimis, diffugientibus cunctis aliquamdiù, jacuit donec lertica impositum dependente brachio tres servuli domum retulerunt.

« Et tandis que tous fuyaient, il resta étendu pendant quelque temps jusqu'à ce que trois serviteurs l'ayant posé sur sa litière, le rapportèrent, un bras pendant, à la maison. »

Là, rien à dire, le peintre est à la hauteur de l'historien, mais pourquoi le César de bronze, pourquoi ce César court et trapu? ce n'est point le César de l'histoire.

Fuisse traditio excelsa statura, colore candido, teretibus membris.

« Il était, à ce que l'on dit, haut de stature, blanc de peau, gras de membres. »

Cette graisse, il l'avait perdue non point dans les fa-

tigues des dernières guerres, mais dans les préoccupations de la paix. Il était devenu maigre et maladif.

Lorsqu'on lui désigna Brutus comme engagé dans
la conjuration qui se tramait déjà, il n'y fit pas atten-
tion, mais touchant son corps *maigre* avec sa main :
« Brutus attend ce corps ci, » dit-il, — Βροῦτος ἀναμένει
τοῦτο τὸ σῶμα.

Peut-être l'artiste répondra-t-il, à propos de la couleur, que la teinte violacée de la tête et du bras de César
est la teinte cadavérique.

Non, car Suétone dit positivement qu'il n'est resté
que quelque temps seul : *aliquamdiù.*

Mais remarquez bien que tout ce que nous disons là,
ce sont des reproches d'archéologue à archéologue, de
poëte à peintre, et que cela ne diminue en rien ni l'effet
ni la grandeur de la composition.

Ce qui diminuerait peut-être cet effet et cette grandeur, c'est *une* beauté de détail, c'est ce fauteuil renversé qui me dit plus de choses peut-être que ce cadavre
couché.

Joignez à cela les vers d'Hamlet sur ce que deviendra
le corps de César, et vous avez une toile à vous faire
rêver pendant une éternité.

> L'impérieux César, mort, redevenu boue,
> Peut boucher une fente où la brise se joue.
> Et l'argile qui tient en suspens l'univers,
> Va plâtrer un vieux mur rongé par les hivers.

III

GÉROME — KNAUS — ISABEY — BRETON — H. FLANDRIN — LIES

Il nous reste à parler du tableau de GÉROME, qu'amateurs et artistes s'accordent à trouver le meilleur des trois qui composent son exposition.

Répétons avec tout le monde que le tableau des *Gladiateurs* est le meilleur des trois, tout en gardant notre grande part de sympathie pour *la Mort de César*.

Un groupe de gladiateurs se présente devant Vitellius en prononçant les paroles sacramentelles :

Ave, Cæsar imperator, morituri te salutant.

C'est-à-dire :

Salut, César empereur, ceux qui vont mourir te saluent.

Le sujet est parfaitement compris, d'un effet grandiose. L'immonde Vitellius, le misérable flatteur de Claude, le complaisant compagnon des débauches de Néron, celui pour lequel ses lieutenants gagnaient des batailles, l'empereur qui ne régna que huit mois et qui fut mis en pièces par cette même populace qu'il est en train de soûler de son spectacle favori, domine bien toute la scène. On sait que tout ce sang répandu l'est en son honneur, et peut-être aussi en celui de cette courtisane placée presque au même rang que lui.

Le groupe des gladiateurs qui vient le saluer est bien disposé ; mais pourquoi leur couvrir le visage d'un casque ? Ce casque, je le sais, existe dans le musée de Naples, il est irréprochable comme archéologie ; mais si vrai que soit un casque, j'aime mieux un visage. Celui de ces hommes qui vont mourir doit être beau à voir.

J'aimerais à reconnaître avec quelle expression ils pro-
noncent cette parole suprême :

Salut, César empereur, ceux qui vont mourir te saluent.

Est-ce avec la résignation d'hommes condamnés d'a-
vance? est-ce avec le mépris que les cœurs courageux
ont pour les tyrans lâches? A coup sûr, ce n'est pas
avec enthousiasme; eh bien! le casque de l'archéologue
m'empêche de voir ce que m'eût, sans lui, montré le
pinceau de l'artiste, et je regrette cela.

Puis, n'y a-t-il pas dans cette peinture une trop mi-
nutieuse recherche de détails secondaires? l'architecture
ne prend-elle pas un peu trop d'importance dans les
lointains surtout, et n'empiète-t-elle pas sur le sujet?
n'y a-t-il pas derrière le peintre quelque pédant tireur
de ligne qui veut, bon gré mal gré, sa part des succès de l'artiste?

Si cela est, c'est à lui, et non pas à Gérôme, que nous
faisons l'observation suivante :

A moins que nous ne nous trompions, la scène se passe
dans le cirque connu encore aujourd'hui à Rome sous le
nom de Colosseo; sa forme circulaire nous le fait croire,
son immensité nous le prouve.

Eh bien! ce cirque bâti par Titus, fils de Vespasien,
après la prise de Jérusalem, 8 septembre 70, est posté-
rieur à Vitellius, mort en 69.

Si ce n'est pas dans le Colosseo que se passe la scène, nous retirons notre observation que nous n'aurions pas même faite, si nous ne craignions pas de voir le beau talent de Gérôme tourner systématiquement au détail architectural. Raphaël et Michel-Ange étaient architectes tous deux, et cependant ils n'abusent pas dans leurs tableaux de la colonne, du triglyphe et de l'architrave.

Constatons que le cadavre qui gît dans l'arène est admirable de lignes; on ferait d'après lui une splendide sculpture.

En somme, talent sérieux et d'un ordre élevé, artiste qui voit grandement son art et qui y dévoue son existence, tous ses instants, toutes ses pensées ; on respire devant de pareilles œuvres, surtout lorsqu'on a, comme nous, laissé échapper cette plainte :

— Hélas ! le niveau de l'art s'abaisse.

Si nous voulions, une fois par hasard, procéder par opposition et en face de l'art élevé forcer de comparaître l'art bourgeois, nous nommerions Knaus après Gérôme.

KNAUS a eu aux expositions précédentes, — avec ses *Musiciens ambulants* et ses *Bohémiens,* — des succès qui ont fixé sur lui les yeux du public.

Ces tableaux, devant lesquels je me suis arrêté moi-même avec un certain plaisir, valaient-ils mieux que celui qu'il expose cette année?

On me dira que oui, et probablement celui qui me fera cette réponse se trompera.

On se laisse prendre une fois à ces sortes de tableaux,

deux fois même, mais il arrive un moment où l'on se
dit :

— Non-seulement le tableau que j'ai sous les yeux
n'est pas de la peinture, mais les autres n'en étaient pas
non plus.

C'est l'effet du médiocre ; le présent réagit sur le
passé. Ces réflexions nous sont inspirées par le tableau
De la cinquantaine.

Knaus est un Biard allemand sans le *ris comica* de
Biard. Knaus est un Wilkie allemand sans le tempérament de Wilkie.

La foule s'arrête devant ce tableau ; mais il y a foule
et foule. Tournez le dos au tableau, et regardez cette
foule-là, riant de son gros rire inintelligent, se mon-
trant certains personnages avec un grand doigt bête, et
vous aurez devant vous un autre tableau de Knaus, qui
vaudra à peu près celui auquel vous tournez le dos.

Vous me direz que cette foule est parfaitement satis-
faite, qu'elle rit de bon cœur en parcourant, les uns
après les autres, tous les coins du tableau, parce qu'il
y a dans chaque coin du tableau, pour elle, un intérêt,
un sujet, une satisfaction.

Si c'est là ce qu'a cherché l'artiste, il a réussi.

Mais vous, je ne dirai pas artiste, mais homme d'un
jugement élevé, quand vous aurez vu ce tableau une
première fois et que vous aurez ri, une seconde fois et
que vous aurez souri, — y retournerez-vous une troisième fois, je ne dirai pas avec un plaisir croissant, mais
simplement avec plaisir ? — Non, plus vous le verrez, au

contraire, plus vous lui en voudrez de vous avoir pris à un faux semblant d'art, de vous avoir fait sa dupe.

Un couple de vieux époux, braves gens bien sains au moral et au physique, célèbrent leur jubilé de cinquantaine et exécutent devant les invités épanouis une danse du bon vieux temps.

La scène se passe en Allemagne, dans une prairie, sous un arbre séculaire.

Les costumes pittoresques d'outre-Rhin ajoutent grandement au succès du tableau.

C'est ce qu'on appelle un sujet de convention.

Derrière eux est un vieillard édenté qu'on a vu dans tous les invalides de Charlet et de Bellangé.

Autour d'eux : Un jeune couple regardant les deux bons vieillards : — *Promesse d'avenir*. — Enfants jouant : *Contraste de l'enfance avec la vieillesse*. — Une femme qui sourit en regardant son enfant : — *Joie de l'amour maternel*. — Une vieille mendiante éloignée du groupe principal : — *Pensée philosophique*. — Vieillards graves : *Patriarches du village*. — Jeunes gens des deux sexes accourant : — *Commencement d'un amour qui durera aussi cinquante ans*. — Vieillard tenant un petit enfant entre ses bras : — *Le berceau et la tombe*.

Vous le voyez, tout cela est de la belle et bonne vulgarité. Maintenant toutes ces pensées vulgaires sont-elles rendues par une bonne exécution. Si nous n'avons pas la pensée des Greuze, aurons-nous le pinceau de Teniers ?

Non, la peinture de Knaus est creuse, sans solidité aucune ; c'est de l'image coloriée. Son lointain est une toile de fond de théâtre. Tout cela avec de gracieuses intentions comme esprit, mais c'est de l'esprit sans aucun atticisme, sans aucun enseignement, sans aucune portée.

L'unité manque essentiellement au sujet, l'intérêt est partout, partant n'est nulle part. Il y a vingt tableaux dans ce tableau, ce qui l'empêche d'en être un.

En somme cette peinture ne tient en rien à l'art moderne, ne se rattache par rien à l'art ancien, c'est de la vraie peinture de genre, mais dans la mauvaise acception du mot.

Knaus ne peint pas pour faire des tableaux, mais pour aligner des personnages qu'il croit être des types.

En peinture, le plus beau type que je connaisse c'est *la Joconde*, la femme idéalisée. — Regardez-la souvent. — Je ne veux pas dire qu'il n'y ait que celui-là.

Regardez aussi les Diaz, pas ses portraits, bien entendu. Regardez sa coloration, ses chairs, les cuisses de sa femme de *l'Amour puni*, je crois, c'est de la franche peinture, saine, honnête, gaie d'aspect, réjouissante pour l'œil, que le temps ne pourra que modifier.

N'oubliez pas non plus les Delacroix en cherchant les Diaz. Arrêtez-vous devant *Ovide exilé chez les Scythes*, là vous verrez le sentiment vrai, le geste naïf, humain, le paysage de grand style, là vous y verrez ce que j'y vois, un de ces Romains qui, quoique exilé, quoique sans

arme, quoique brun et d'un visage doux, inspire la
crainte à ces Scythes, chez lesquels le nom du peuple
romain est parvenu comme une menace. Si bien que ce
n'est qu'en hésitant qu'on lui offre des fruits et du lait,
et que ce petit garçon qui peut-être exciterait son chien
contre un homme d'une autre nationalité, retient de
toutes ses forces ce chien qui ne sait pas ce que c'est
que Rome, qu'Auguste, que César — que cet empereur
si grand enfin — que l'on respecte même ceux qu'il
exile.

Vous me direz que c'est moi qui vois tout cela dans
le tableau de Delacroix, que Delacroix n'a point pensé
à tout cela. Soit : c'est le propre du génie de mettre dans
son œuvre par instinct et sans les y voir, les hauts sentiments, les grandes pensées que les autres y verront.

Un éditeur a acheté, nous assure-t-on, la propriété du
tableau de M. Knaus. Nous lui conseillons, non point
d'en faire faire une photographie, non pas d'en faire
faire une gravure, mais une lithographie coloriée, et
cet éditeur, quel qu'il soit, aura fait une bonne affaire.

Passons à ISABEY, c'est-à-dire à un de ces maîtres qui
datent de la grande époque de 1830. Ah ! j'entends certains artistes — je me trompe, certains amateurs —
murmurer cette grande injure d'atelier : *Peinture de
chic*. Soit, mais en ce cas Isabey est le roi des chiqueurs
et c'est toujours quelque chose, messieurs, en art, que
d'être roi.

Depuis un quart de siècle Isabey reste ferme, baïono-
nette croisée, au premier rang.

S'il n'a pas beaucoup avancé depuis ses premières toiles, du moins n'a-t il jamais reculé.

Son pinceau est solide, brillant, plein de volonté, d'habileté, d'individualité.

Il est du petit nombre de ceux qui sur deux toiles placées en face l'une de l'autre peignent à la fois, une plage couverte de poissons, un escalier d'église ou de palais ruisselant de beaux cavaliers ou de belles dames.

On reproche bien aux manteaux de ses cavaliers d'emprunter leurs tons chatoyants aux écailles de ses rougets et de ses dorades; on reproche bien à ses turbots de refléter les tons satinés des robes de ses gentifemmes. Mais, bast! tout cela est si adroit, si brillant, si animé, — les poissons sont si frais, les femmes sont si fraîches, qu'à la rigueur on ne demanderait pas mieux que de manger ses femmes et d'embrasser ses poissons.

Mais, cette fois, le tableau qu'a exposé Isabey n'inspire point de pareilles pensées, c'est un drame qu'il nous montre et le plus terrible de tous les drames : *Un incendie en mer*.

Le steamer *l'Australia* est en feu, le feu sort par ses hublots, par ses fenêtres, par son bordage, le feu se fait jour par toutes ses ouvertures, monte aux mâts, rampe le long des vergues, lèche et dévore.

C'est une page émouvante, lamentable, sinistre, effrayante de mouvements, où grouillent des centaines d'êtres, hommes, femmes, matelots qui n'ont plus que l'instinct de la conservation, et qui glissent, roulent, se précipitent, tombent, s'accrochent, s'engloutissent dans un effroyable pêle-mêle.

Les eaux sont admirables de dessin, d'aspect, de grandiose. On sent que l'abîme ne fera qu'une bouchée de ce bâtiment, de ces barques, de ces mille passagers.

Peut-être la fumée est-elle trop dense, trop compacte, trop solide; le bâtiment fait au premier abord l'effet d'être pris entre la mer et un rocher suspendu. Peut-être l'impression serait-elle plus grande encore, si le navire était plus petit, si la mer était plus grande, si l'on voyait un grand horizon sans bâtiment, partant sans secours. Mais alors les personnages étaient réduits à une trop petite dimension, et ce que le peintre a évidemment cherché, c'est le pêle-mêle, le tohu-bohu, l'épouvantement de la catastrophe.

Sous ce point de vue il a parfaitement réussi; maintenant mettez *l'Incendie de l'Australia* dans une chambre, mettez *la Barque des naufragés* de Delacroix dans une autre, et vous aurez les deux effets que nous disons, et vous pourrez choisir celui qui vous paraîtra le plus dramatique. Pour nous ce serait le Delacroix.

Dans tous les cas, si vous avez ces deux toiles, vous aurez deux beaux tableaux!

Une petite critique de metteur en scène.

Isabey, à notre avis, abuse trop, dans ses tableaux, de points rouges qui ont tous la même valeur, qui viennent tous au même plan et qui nuisent à l'effet général.

Dans tous les cas, nous le répétons, c'est un maître,

un maître jeune, et qui peint avec toute la fougue de la jeunesse.

Arrivons maintenant à BRETON, dont il nous tarde de constater le très-grand succès.

Nous avons une bien vive sympathie pour ce jeune talent plein d'espérance, nous voudrions être un point d'appui pour ce jeune artiste, qui n'est point encore arrivé tout à fait, qui manque un peu du tempérament que nous exigeons du vrai peintre, mais qui, avec moins de science qu'eux cependant, apporte dans son art un côté personnel qui manque à Hébert et à Baudry.

Déjà au salon de 1855 Breton s'était fait remarquer. Il a tenu toutes les promesses qu'il avait faites.

Cette année il expose quatre tableaux : *la Plantation d'un calvaire*, *le Rappel des glaneuses*, *une Couturière* et *le Lundi*. Vous connaissez le premier de ces tableaux, mon cher directeur. Il a figuré avec honneur au dernier salon d'Anvers ; seulement l'artiste l'a repris dans son atelier et l'a considérablement amélioré sous le point de vue de la couleur.

Il est évident pour nous que Breton est, par la pensée, sinon par le fait, un élève de l'école de Courbet, seulement Courbet lui a été un enseignement et non un modèle ; il a pris le côté vrai du maître. Car lorsqu'on invente une manière, fût-ce celle de Courbet, on est un maître ; il a pris le côté vrai du maître sans en prendre le côté presque toujours laid, souvent ridicule. Comme lui, il a passé par l'imitation de la nature, mais il ne

s'est pas borné là : il a pris, sans les copier, leçon des
vieux maîtres.

Nous ne connaissons pas plus Breton que la plupart
de ceux sur lesquels nous écrivons, ce qui, nous
l'avouons, nous met fort à l'aise avec eux ; mais il doit
être d'une nature simple, car il rend ce qu'il voit, probablement ce qui l'entoure, avec une simplicité campagnarde, et sans viser à avoir un beau pinceau, une
exécution de convention ; sa peinture est franche, sans
charlatanisme, pleine de vérité.

C'est presque un Allemand, un Français du Nord du
moins, bien plus qu'un homme du Midi.

Si je biffais de cette revue les deux ou trois noms de
maîtres modernes que j'y ai déjà inscrits et qu'il me
reste à y inscrire encore, Breton resterait l'artiste dont
le talent original nous serait le plus sympathique. Je lui
sais un gré infini de ne pas aller fouiller dans l'histoire,
et de nous intéresser, en se contentant de nous rendre
ce qu'il voit, ce qu'enfin il est né pour peindre.

La Plantation d'un calvaire est une œuvre d'un grand
sentiment et, malgré son titre, plus campagnarde que
religieuse.

Le Christ sort de l'église du village, porté par les
moines, précédé d'un groupe de fidèles, congrégation
d'hommes portant des cierges et de jeunes filles tenant
la bannière et les reliques ; à la suite du Christ marche
le clergé, et quelques fidèles suivent la procession ou
s'agenouillent sur son passage.

On sent dans ce tableau une grande unité de pensée,

le même sentiment occupe tous les personnages, l'intérêt est unique et grand en ce qu'il n'est distrait par aucun petit intérêt. Les types sont vrais. Nous l'avons dit — répétons-le encore — car il faut savoir gré à Breton de ne pas avoir fait comme Courbet, dans son *Enterrement*, la charge de paysans, de prêtres, de moines, de chantres et de jeunes filles de la campagne.

Il y a dans le tableau de Breton des intentions charmantes.

Ainsi le groupe d'une jeune fille de dix-sept ans, qui tient par la main un petit garçon et une petite fille, est adorable de simplicité et de naturel. On est heureux de ne pas reconnaître dans ce tableau certains modèles des ateliers de Paris qui sont reproduits dans une masse de tableaux et d'y trouver, au contraire, des gens naïfs qui ont posé naïvement et sans s'en douter.

La coloration de la toile est d'un ton gris, cherché volontairement comme étant en harmonie avec le sujet ; on n'y voit pas un noir et, en effet, le peintre est arrivé à un grand sentiment de tristesse.

Le fond du village est admirablement vrai ; c'est du *voulu*, mais c'est du *réussi*.

Le Rappel des glaneuses nous représente des paysannes ramassant au coucher du soleil des gerbes de blé desquelles s'échappent des myriades de moucherons. On sent que la journée a été chaude, que le temps est lourd ; ces paysannes ne sont pas repoussantes de laideur ; ce ne sont pas non plus, et par bonheur, de jolies paysannes d'opéra-comique comme celles de Boucher ; ce sont de vraies paysannes robustes, habituées au travail, ayant presque, par l'habitude du labeur, les allures de notre sexe.

Ce tableau est d'une poésie à la fois douce, pénétrante et robuste ; tout au contraire de celui de Knaus, plus on le regarde plus il fait plaisir à regarder.

Je préfère la couleur de ce tableau à celle du *Calvaire*, qui pouvait être aussi triste sans être aussi gris. Nous croyons que l'impression morale que produit un tableau est dans son sentiment plus que dans sa couleur.

J'aime moins *le Lundi* que les deux tableaux que nous venons d'analyser. Ici la composition est un peu vulgaire, la peinture un peu commune d'aspect.

Breton s'est laissé tirer par en bas.

C'est un lundi, l'artiste nous introduit dans l'intérieur d'une auberge où un mari, qui s'est grisé avec le garde champêtre profondément endormi, est sommé par sa femme, la maîtresse du logis, de déguerpir du cabaret et de rentrer au toit conjugal.

Ce tableau, nous l'avons dit, manque de distinction. Cependant, hâtons-nous d'ajouter que le galbe de la femme est d'une belle tournure ; la main qui indique au mari de rentrer chez lui, est d'une grande recherche et d'un beau dessin.

Une Couturière. Le sujet est expliqué par le titre, et, chose quelquefois rare, le titre par le sujet. *Une Couturière* est un petit tableau sans importance, par comparaison aux autres toiles de Breton. Cependant, j'y retrouve toutes les qualités qui rendent cet artiste sympathique.

Finissons donc comme nous avons commencé, en constatant le grand succès mérité par le sentiment intime qu'il met dans ses œuvres.

Disons, pour nous servir d'une expression artistique qui rend bien notre pensée, que les portraits de M. FLANDRIN ne nous *empoignent* pas ; mais nous les admirons, tout en reconnaissant qu'ils sont plus d'un dessinateur que d'un peintre.

Flandrin, élève d'Ingres, est un talent sérieux et réfléchi, élevé, digne, et ses portraits sont incontestablement les plus sérieux du salon, au point de vue de l'art.

Ce que j'aime dans la peinture de Flandrin, c'est que j'y vois le caractère de l'artiste et son sentiment religieux plus encore devant l'art que devant la nature.

C'est que Flandrin a l'amour de son art. Il est dessinateur, savant, consciencieux, froid peut-être ; mais on sent dans ses portraits la recherche du dessin, de la ligne, de la forme ; regardez au hasard l'un de ses portraits : il ne vous attirera pas d'abord, mais il vous impressionnera petit à petit et de plus en plus ; vous vous prendrez enfin à le regarder avec le respect, avec le recueillement que commande la science.

Comme Gérôme, Flandrin est un artiste qui empêche l'art de tomber dans la négation de la forme ; après avoir vu ses portraits, jetez un regard sur ceux qui encombrent le salon, et vous serez surpris du plaisir que vous éprouverez à revenir aux portraits de Flandrin.

LIES, d'Anvers, a exposé *les Maux de la guerre*, tableau qui figurait au dernier salon d'Anvers.

Ne pas confondre Lies avec Leys, l'élève avec le maître, le pasticheur avec l'inventeur du genre.

Nous avouons que nous nous sentons impitoyable pour cette peinture, parce qu'il nous est arrivé à nous, à notre grand désespoir, en littérature dramatique, ce qui arrive en peinture à Leys.

De même que nous ne reconnaissons aucune qualité à certains drames et mélodrames venus à la suite de *Henri III* et de *la Tour de Nesles*, nous ne reconnaissons aucune valeur à ces toiles pâles, sans dessin, sans couleur, sans invention, sans exécution, sans science, sans vérité, sans individualité, sans charme.

Tout leur fait défaut.

Laissez donc à Leys, à cette haute intelligence artistique, à cette savante personnalité, unique, inimitable, à cet artiste original, rêveur archéologue, laissez-lui le privilège de cette grande peinture de missel, si nous pouvons nous exprimer ainsi ; admirez-le sans l'imiter ; en imitant Leys, vous devenez le plus grand ennemi de Leys, la plus grande critique de son talent ; vous montrez au microscope une peau de satin, et elle devient rude et rugueuse. Nous pardonnions ses défauts à son grand talent, nous faisions semblant de ne pas les voir : maintenant que vous nous les signalez, il faut bien que nous les voyions.

Quel âge avez-vous, monsieur Lies? je ne puis deviner cela devant votre peinture; mais, à coup sûr, vous devez être bien vieux, puisque la nature ne vous parle pas, ne vous dit rien, que vous la dédaignez, que vous passez près d'elle sans la regarder.

Vous n'avez pas même l'amour des vieux maîtres, puisque vous marchez dans les souliers d'un maître contemporain. Arrêtez-vous, pour Dieu, ne nous montrez pas chez vous ce qui est mieux ailleurs, ce qui nous a été raconté déjà, et mieux raconté que par vous, Dieu merci, raconté par les Holbein, par les Granach, par les Breughel. Dites-nous un peu notre temps, ce qui nous entoure, une idée, un sentiment moderne; faites ce qu'ont fait ces maîtres que vous copiez, et un jour on vous copiera à votre tour.

Quel intérêt, je vous le demande, aura votre peinture pour ceux qui arriveront après nous? Quel sera l'enseignement que vous aurez laissé? Quelle vérité aurez-vous découverte? Vous aurez donc traversé notre époque sans vous y intéresser, sans nous y intéresser, partant, sans laisser un souvenir?

L'étrangeté des costumes dont vous affublez vos bonshommes de bois explique pour nous votre commencement de succès: mettez à ces bonshommes des costumes modernes, et votre peinture ne sera plus supportable pour personne; les costumes modernes veulent la vérité, les costumes anciens supportent le mensonge; mais ce mensonge saute aux yeux des initiés dans l'art de la peinture, encore plus qu'aux yeux des archéologues;

mais ils restent toujours une vérité pour cette partie du public qui *ignore*, c'est-à-dire pour la masse.

Il n'y a pas dans votre tableau un ton de chair vrai, pas une figure exprimant quelque chose, pas une main dessinée; de la chair d'acajou, rouge, blanche, on ne sait pourquoi; des fautes d'harmonie partout, des valeurs de tons de la même force; au premier et au troisième plan, *des couleurs* et non *de la couleur*, un manque absolu de distinction, une exécution brutale sans naïveté, une peinture mince et plate, une absence complète de modelé.

Pourquoi inventer les cartes? elles sont inventées depuis Charles VI par Gringonneur.

Les Maux de la guerre représentent des vainqueurs entraînant à leur suite des vieillards, des jeunes gens, des jeunes filles; au fond brûle un village.

Les vaincus ont des figures d'une douceur angélique; les vainqueurs sont des croquemitaines.

Pourquoi ne pas intituler cela *Moutons et bouchers?* vous auriez au moins inventé quelque chose : un titre!

Il y a des personnes qui, par ignorance, faute d'éducation artistique, sans méchanceté, tout simplement parce qu'elles ne savent pas lire, prennent *Lies* pour *Leys*.

Avis à ces personnes-là : elles font une grave erreur!

IV

LES BATAILLES

DEVILLY — Mme HENRIETTE BROWNE — LOUIS ROBBE —
VERLAT — DE KNYFF — HAMMAN — PATERNOSTRE —
JOSEPH STEVENS — DE WINTER — OSWALD ACHENBACH
— Comte DUBOIS.

Il est un genre de peinture que nous voudrions passer sous silence, c'est le genre *bataille*. Nous ne connaissons rien de plus affligeant que ces grandes toiles pleines
de regards flamboyants, de corps contorsionnés, de
blessures béantes, où deux peuples, redevenus amis,
continuent de s'égorger pendant des siècles. C'est bien
assez que l'histoire de chacun de ces peuples, à la suite

de bulletins menteurs, enregistre de chaque côté une victoire, fasse chanter des *Te Deum* pour Eylau, frappe des médailles pour la Moscowa, sans que l'art, qui devrait être ennemi de toutes ces boucheries, vienne leur donner la consécration du talent, la popularité du génie.

Que Jules Romain constate au profit de l'Église les triomphes de Constantin ; que Lebrun, pour flatter l'orgueil de Louis XIV, ressuscite les victoires d'Alexandre ; que Salvator, dans des gorges qui n'existent pas, pousse l'un sur l'autre, dans une lutte insensée, deux peuples qui n'ont jamais existé, que l'on ne reconnaît ni aux uniformes ni aux types du visage, créations de la fantaisie du peintre bandit et du bandit poète, à merveille ; c'est de l'art, et l'on admire tout devant ces chefs-d'œuvre sans avoir à s'attrister ; mais Sidi-Brahim, mais Inkerman, mais ces Français qui sont nos fils, nos pères, nos frères ; mais ces ennemis qui sont aujourd'hui nos amis, qu'on nous les montre se déchirant comme des bêtes féroces dans une arène, comme des gladiateurs dans un cirque, voilà ce que nous n'approuvons ni au point de vue de l'art, ni au point de vue de l'humanité.

C'est ce qui fait que, tout en reconnaissant un très-grand talent dans les toiles de M. Ivon, nous nous contentons de constater ce talent, attendu que nous croyons sincèrement que toute cette peinture officielle qui trouve parfaitement sa place dans le Musée de Versailles, est bien plus faite pour être jugée par un conseil de guerre, que par un jury d'artistes.

Le peintre qui s'adonne spécialement à représenter

ces sortes de luttes, finit, sans s'en douter, par anéantir en lui l'artiste pour faire place au soldat, de sorte qu'il en arrive à n'être plus ni peintre, ni militaire, mais seulement une espèce de capitaine d'habillement qui s'intéresse par-dessus tout aux détails de l'équipement du soldat.

La veille de l'ouverture du salon, nous assistions à un petit épisode qui nous a paru des plus caractéristiques à cet endroit.

L'auteur de l'une des grandes batailles qui figurent cette année au salon faisait vernir son tableau par un ouvrier juché sur une immense échelle, tandis que lui, placé à une certaine distance de la toile, la jambe en avant, la main sur la hanche et le lorgnon à l'œil, criait de la même voix qu'eût crié un colonel à la tête de son régiment :

— « Plus de vernis sur le second voltigeur de droite ? — n'entendez-vous pas ! — je vous dis plus de vernis. »

Nous sommes convaincu que si le vernisseur n'eût pas obéi au commandement, le peintre, en ce moment-là, était tellement officier, qu'il l'eût envoyé tout chaud devant un conseil de discipline.

D'ailleurs, toutes ces batailles ne sont point en général de vraies batailles ; le peintre qui tiendra à faire une bataille prise sur le fait devra nous montrer une immense toile pleine de fumée, avec quelques éclaircies où brilleront des sabres et des baïonnettes.

Il y a dans la *Bataille d'Aboukir* de Gros un coin sublime, ce n'est point Murat chargeant théâtralement le

6

pacha, ce n'est point le pacha rendant gracieusement son sabre ; ce n'est point le nègre renversé qui est une belle anatomie, mais qui, au bout du compte, n'est qu'une anatomie ; c'est une place où, au milieu de la fumée on ne voit que des sabres qui plongent et des mains crispées qui s'élèvent. Disons cependant quelques mots du tableau de M. DEVILLY, *le Marabout de Sidi-Brahim*, qui nous paraît avoir certaines qualités que, malgré notre peu de sympathie pour le genre, nous ne voulons point passer sous silence.

Quelques hommes d'un bataillon de chasseurs à pied sont cernés de toutes parts par des cavaliers d'Abd-el-Kader et des Kabyles, bien supérieurs en nombre.

L'action se passe au marabout de Sidi-Brahim. Nous avons visité en 1846 le champ de bataille, tout blanchi d'ossements, tout bosselé de tombes. On m'avait donné trois mille hommes d'escorte pour me conduire là. Je vous jure qu'il n'y a pas de toile représentant un champ de bataille, qui parle aussi éloquemment que ce champ de la mort.

Au reste, la scène est parfaitement comprise, pleine de mouvement, l'exécution du tableau est fougueuse, la couleur resplendissante, ce sont bien des troupiers français, ce sont bien de vrais Arabes ; on assiste à une lutte acharnée et l'on se bat pour *tout de bon* et sans poser. Il y a surtout, au milieu de cette sanglante bagarre, un chasseur étendu à terre et un autre qui vient de recevoir une balle dans la tête, qui sont d'une recherche de mouvements fort juste et fort remarquable.

Seulement, et c'est une grave critique que nous adressons à M. Devilly, la qualité de coloration qui distingue ce tableau appartient à Delacroix, qu'il semble avoir complétement pastiché, et à tel point qu'à la première vue nous avons pensé à un ami à nous, qui méritait aussi ce reproche et à qui nous l'avons adressé bien souvent, à notre pauvre Chasseriaux.

M. Devilly doit être un jeune homme; il abandonnera facilement ses préoccupations de la couleur de Delacroix, pour nous montrer à un prochain salon, outre les qualités qui lui sont propres, une coloration qui lui appartienne.

Dès l'ouverture du salon, nous avons été attiré devant les toiles aimantées de Mᵐᵉ HENRIETTE BROWNE et nous avons résolu de constater son beau succès; mais voilà que ce succès prend de telles proportions que nous sommes forcé par cette conscience que nos lecteurs reconnaissent, nous l'espérons, dans chacune de nos lignes, de considérer les œuvres de cette gracieuse artiste à un point de vue plus élevé peut-être, nous ne disons point que celui qu'elles peuvent atteindre, mais que celui qu'elles ont atteint.

La peinture de Mᵐᵉ Browne parle à la fois un langage limpide et modéré qui se fait comprendre de tout le monde, qui ne blesse personne, et qui attire à lui toutes les organisations calmes et douces.

Aussi Mᵐᵉ Browne obtient-elle un succès de public. Cette artiste a exposé cinq tableaux : *les Sœurs de* charité, un *Portrait*, une *Pharmacie*, une *Sœur* et *la Toilette*.

Nous donnons la préférence aux petits tableaux de Mme Browne, et surtout à l'*Intérieur de la pharmacie*, où des sœurs de charité préparent des médicaments. Cet intérieur est d'une grande vérité d'effet et d'observation.

La Toilette représente une petite fille boutonnant avec une naïveté tout enfantine la culotte de son petit frère, plus jeune qu'elle. Il y a dans cette adorable petite toile une simplicité non cherchée admirablement exprimée.

Les Sœurs de Charité sont le plus important tableau de l'exposition de Mme Henriette Browne, et malgré le succès qu'il obtient, il est au-dessous, à notre avis, comme pensée et comme exécution, des deux petits bijoux que nous venons de citer.

Une *Sœur*, grandeur naturelle, tient sur ses genoux un enfant malade n'ayant pour tout vêtement qu'une chemise qui laisse voir ses petites jambes fiévreuses et marbrées ; une autre sœur prépare la potion que l'on va faire prendre à l'enfant.

Cette peinture, nous commençons par le constater, est pleine de talent, et nous le reconnaissons avec d'autant plus de satisfaction que c'est l'œuvre d'une femme, et que nous aimons voir les femmes s'élever, non pas aux conceptions viriles qui font d'elles des êtres d'un troisième sexe, mais à toute la hauteur que peut atteindre

dans son charmant horizon et sous son ciel pur, le talent
féminin, soit que ce talent prenne le pinceau comme
Mme Lebrun ou qu'il choisisse la plume comme Mme Des-
bordes-Valmore.

L'exécution de cette douce et mélancolique composition est facile et propre, le sujet est bien rendu, l'effet
des blancs est bien compris et la coloration convenable.
Voilà pour la surface.

Mais si vous suivez plus profondément l'examen, vous
finissez par sentir que cette peinture qui vous a charmé
au premier abord, est creuse, tendue, cassante, trompe
l'œil, que le dessin manque de science et de recherche;
enfin que l'ensemble du tableau n'a point de caractère et
surtout de caractère personnel.

Ce sera pour tout le monde une jolie peinture, mais ce
n'est que cela.

Maintenant ce qui frappe quand on cherche la pensée
de la composition, c'est le sentiment plus que placide —
indifférent de ces deux femmes en face d'un être qui
souffre — quand surtout cet être est un enfant — c'est-
à-dire la créature qui doit être la plus sympathique à
deux femmes dont l'une a vingt ans à peu près, l'autre
ving-cinq à peine.

Une idée philosophique se serait-elle fait jour sous ce
pinceau délicat et même un peu veule? Mme Henriette
Browne aurait elle voulu peindre cette indifférence, que
donne même aux cœurs féminins la vue constante de la
souffrance et de la mort?

Ces deux jeunes cœurs sont-ils déjà si blasés par

l'exercice de leurs soins pieux qu'ils n'aient plus, nous ne dirons pas de larmes, mais d'intérêt à donner à ce pauvre petit être souffreteux soigné avec moins de tendresse que n'en a ou que n'en témoigne une petite fille pour la maladie supposée de la poupée qu'elle berce et endort sur ses genoux.

Si Mme Henriette Browne a eu l'intention de rendre cette pensée elle a réussi, mais elle a fait de la philosophie aux dépens de l'humanité.

Le portrait de M. de G. est certainement un des bons portraits du salon, mais il nous permet de définir en quatre mots le talent de Mme Henriette Browne :

Grande facilité sans tempérament.

Nous voulions vous parler, dans cet article, de ce maître qui s'appelle Th. Rousseau, et de cet autre grand artiste qui signe ses paysages Daubigny, et dont nous ne vous avons pas encore entretenu ; mais il nous tarde de discuter les œuvres de quelques-uns de vos compatriotes, et de faire pour eux ce que nous n'avons fait jusqu'ici que pour Liès.

Soyez sans crainte, nous vous reparlerons de Th. Rousseau et de Daubigny ; ce dernier partage en première ligne les honneurs du salon.

Quelques-uns de vos artistes n'ont pas à se louer cette année des places que leurs œuvres occupent au salon ; mais c'est là un hasard malheureux, et je crois que les Belges se plaisent à reconnaître la gracieuse hospitalité qu'ils reçoivent de la France, et la haute bienveillance que leur témoigne, quelle qu'elle soit et sous tous les gouvernements, la direction des expositions.

Mais, disons-le : contrairement à l'habitude, les tableaux de MM. Robbe et Verlat sont malheureusement exposés, et, grâce à cette mauvaise exposition, il nous est impossible de juger en connaissance de cause *le Troupeau de moutons au repos* et *les Vaches au pâturage* de M. ROBBE.

Ce dernier tableau, cependant, nous paraît à la fois d'une vigoureuse couleur unie à une grande finesse de ton.

Nous en disons à peu près autant des deux tableaux de VERLAT : *un Chien de berger défendant son troupeau contre un aigle* et *Convoitise.*

Vous connaissez le premier de ces deux tableaux, qui a figuré au dernier salon d'Anvers.

Convoitise représente un petit enfant assis sur un banc de pierre, ayant de grandes inquiétudes pour une *tartine* (style flamand) qu'un gros chien assis près de lui semble convoiter du coin de l'œil.

Ce sujet est parfaitement exprimé, habilement exécuté; cependant nous lui reprochons d'être d'une peinture un peu lourde, un peu matérielle. .

L'Éveil, du même artiste, est mieux placé et permet d'admirer toute l'habileté d'exécution qui distingue son pinceau; mais nous voudrions que la facilité de main de M. Verlat ne l'empêchât pas d'étudier sérieusement la nature, non-seulement avec les yeux, mais encore avec la tête et le cœur. C'est parfois un malheur que de trop savoir; on regarde comme inutile d'avoir le modèle sous les yeux, et cependant la création est une chose si merveilleuse, qu'elle apprend toujours quelque chose à celui qui la caresse.

Le sujet de ce dernier tableau est fort simple, partant très-vrai : un chevreuil et une chevrette remplis d'anxiété cherchent à se dérober à la vue de chasseurs en habits rouges que l'on aperçoit dans le fond du tableau.

Un de vos compatriotes qui n'a pas à se plaindre des places données à ses tableaux, c'est M. ALFRED DE KNYFF : sur cinq tableaux qui composent son exposition, quatre sont à hauteur d'appui, et c'est justice, car M. de Knyff est un homme d'un vrai talent, qui a conquis au salon de cette année un légitime succès.

Les progrès de cet artiste sont incontestables; il a cherché longtemps, il a tâtonné pour trouver sa voie, mais on sent qu'il a cherché avec la volonté de l'homme qui veut et qui doit trouver; — on sent, devant ses tableaux, qu'il voit la nature en poëte, c'est-à-dire avec les yeux de son âme. — Joignez à cela un pinceau habile, qui ne reste pas en arrière de cette haute perception, et vous pourrez vous faire une idée des toiles de M de Knyff.

M. de Knyff, avons-nous dit, expose cinq tableaux cette année : le *Marais de la Campine*; *Souvenir du Condroz*; *l'Étang de Ville-d'Avray*; *Souvenir du château de Pétersheim*, et *un Ravin vu au crépuscule*.

Ces tableaux se distinguent d'abord par un grand accent de nature joint à un profond sentiment poétique, à

beaucoup de recherche dans le dessin, à une coloration
puissante, abondante, et à une exécution où le sentiment
domine de telle façon, que l'on n'y sent ni le métier ni
la convention; disons seulement et pour tout reproche
que les eaux du *Marais de la Campine* sont un peu
lourdes et d'un ton froid, et que dans certaines parties
des tableaux de cet artiste nous retrouvons quelques
noirs et quelques duretés dont il se débarrassera, nous
en sommes sûr. En général, constatons le fait en passant, ce sont les défauts des organisations où la volonté
surabonde, et c'est quelque chose dans les arts que ce
sublime entêtement de l'artiste qui force la main d'obéir
au cerveau.

La commission de la loterie a confirmé le succès de
M. de Knyff en faisant l'acquisition de l'un de ses tableaux.

Nous retrouvons HAMMAN au salon de cette année
avec toutes les qualités qui le distinguaient avant son
voyage en Italie; ce voyage lui avait d'abord été fatal; à
la vue des tableaux des maîtres italiens, il avait un peu
perdu la tête. Cela peut se pardonner, elle avait bien
tourné à Rubens.

Mais à cette exposition Hamman s'est retrouvé lui-
même. Hamman aime retracer la vie et les actions des
grands hommes. Cette fois encore il nous représente
André Vésale, qui déjà une fois lui avait porté bonheur.

André Vésale, qui avait appris que son système était
vigoureusement attaqué en Italie, fit annoncer qu'il
donnerait des séances publiques auxquelles il conviait

ses adversaires, pour les confondre et constater ses découvertes sur le corps humain.

L'artiste nous représente André Vésale professant à Padoue sur le cadavre même, devant un auditoire nombreux où son triomphe fut complet.

La mise en scène du sujet est traitée avec beaucoup de talent et surtout d'esprit. Les divers sentiments qu'éprouvent les personnages qui assistent à cette conférence sont parfaitement exprimés : André Vésale n'a pas,le geste théâtral, il ne pose pas, il est simple comme tout homme qui démontre une vérité, et qui, convaincu, est sûr de convaincre.

Nous reprocherons seulement à Hamman d'employer certaines *ficelles* fort connues des artistes, pour arriver à obtenir certaines puissances de coloration, certains rouges, par exemple, et qui consistent à *glacer* un ton préparé à cet effet.

Hamman nous montre encore *Stradivarius dans son atelier*, *la Demande en grâce*, où une femme éplorée se jette aux genoux d'un doge de Venise dans le palais ducal, et *le Dante à Ravenne*.

Nous avouons aimer beaucoup moins ce dernier tableau.

Je sais gré à Hamman de ne pas nous avoir retracé cette année un épisode de la vie d'un peintre quelconque. Nous croyons ces sujets désastreux en peinture. Si vous me peignez Paul Véronèse ou Rembrandt, vous êtes forcé, pour rester dans la vérité, ou plutôt dans l'esprit du sujet, de pasticher la couleur du grand Vénitien ou du magicien hollandais ; où se trouve alors votre personnalité, et que m'enseignez-vous ?

Tout en ne voulant pas vous parler des batailles, qui semblent avoir pris le salon d'assaut, je ne saurais passer sous silence une grande toile de M. PATERNOSTRE, qui représente *une Pièce d'artillerie à cheval* faisant à fond de train une évolution sur le champ de bataille d'Inkerman.

Cette composition se fait remarquer par une grande fougue et par la vérité de l'aspect ; quand une pièce d'artillerie passe au grand galop au milieu de la poussière devant les yeux les plus exercés, ils ne distinguent ni la robe des chevaux, ni la couleur des uniformes.

Arrivons maintenant à l'un de vos artistes dont le talent original nous a toujours inspiré la plus vive sympathie, c'est-à-dire à JOSEPH STEVENS, le créateur du *genre chien*, qui ne ressemble à aucun maître ancien, à aucun maître moderne, puisqu'il est maître dans son genre.

En effet, Landseer, le peintre anglais, avant lui nous a montré des chiens, mais quels chiens ? des bêtes tellement spirituelles de physionomies et de poses humaines que bien des compatriotes de Landseer ont dû plus d'une fois se trouver humiliés d'être hommes devant des chiens de si haute capacité.

Il y a aussi mon bon et cher Jadin que je ne voudrais pas oublier. Mais Jadin fait plutôt, à part quelques exceptions dans lesquelles il a admirablement réussi, comme

celle des *Sept péchés capitaux*, Jadin fait plutôt le *chien
portrait* que le *chien genre*.

Joseph Stevens, lui, est un penseur, un philosophe;
tantôt il nous représente un sujet spirituel, mais ses
animaux, s'arrêtant juste où la raison commence, n'ont
qu'un esprit d'instinct; tantôt un sujet poétique, mais
ses animaux n'ont qu'un sentiment d'instinct.

Il voit profond, il voit juste, il voit en observateur dans
la vie des animaux qu'il peint; le côté pittoresque de
son sujet, la couleur de sa bête le séduit bien plus que
le côté spirituel de la composition, et cependant il allie
admirablement l'un à l'autre.

Un des tableaux exposés par lui cette année vient bien
à l'appui de ce que nous disons, ce tableau est intitulé
Une pauvre bête.

C'est, disons-le tout de suite, un charmant petit chef-
d'œuvre dans le *genre chien*.

Un malheureux roquet de joueur d'orgue, costumé de
rouge, coiffé d'un bonnet pointu, est assis sur son maigre
petit derrière et fait avec la conscience du devoir son
métier d'attendrisseur de passants :

La pauvre bête demande l'aumône.

Il est impossible, si ce n'est à Joseph Stevens lui-
même, de rendre ce sujet avec plus de vérité, de naïveté, d'observation et de simplicité. La tête du chien
exprime si bien une fatigue de tous les jours, une résignation philosophique, une douceur de caractère et une
bonté compatissante que le plus grand peintre d'expres-

sion ne les ferait pas ressortir à un degré égal dans une tête humaine.

C'est de l'esprit, nous en convenons, mais de l'esprit rendu par un dessin robuste, par une exécution vivante, par une couleur distinguée et puissante ; c'est enfin, que l'on nous permette cette expression, une des plus jolies *taches de couleur* du salon.

Joseph Stevens est bien plus guidé d'ailleurs par l'instinct du peintre que par le raisonnement ; aussi dans toutes ses compositions apporte-t-il un cachet de simplicité, de naïveté, d'honnêteté qui réjouit le cœur.

Sa peinture est franche, et son exécution habile sans charlatanisme.

Le tableau intitulé *Un heureux moment*, et qui représente un singe échappé de sa cage croquant du sucre, à même un beau sucrier du Japon, possède toutes les qualités que nous faisions ressortir dans le tableau précédent.

Ce singe est bien un singe avec tous ses instincts de malice et de destruction ; sa physionomie exprime si bien qu'il jouit du moment présent, qu'il est inquiet d'être troublé, qu'il sait qu'une correction l'attend après ce moment de bonheur, que l'on est inquiet comme le pauvre animal, et que l'on se prend à désirer qu'il achève en paix son savoureux festin.

La couleur de ce tableau est des plus distinguées, l'aspect en est lumineux et le coup de soleil projeté dans le fond sur la muraille est rendu avec une extraordinaire vérité.

Nous avons dit, en commençant à nous occuper de Joseph Stevens, combien son talent et sa personnalité nous
étaient sympathiques, mais justement parce que nous
l'aimons et beaucoup, nous devons lui dire toute la vérité; la chose faite, il sera une preuve de la sincérité de
notre programme et rendra notre critique facile à l'endroit de nos autres amis.

Nous n'aimons pas le tableau des *Bœufs* de J. Stevens.
Il a fait, il fait, il fera mieux que cela.

Chaque année a été un succès pour vous, mon cher
Stevens, mais ce succès, vous ne l'obtiendrez pas cette année avec votre tableau des *Bœufs* qui, au contraire, nuira
aux deux autres. On couvrira vos deux charmantes petites
toiles avec la grande, et beaucoup, vous le verrez, ne par-
leront que de cette dernière.

En mettant sous nos yeux une toile de cette grandeur
vous deviez nous offrir une toile séduisante, — le pendant de votre *Métier de chien* que personne n'a oublié;
— vous connaissez notre proverbe français : Noblesse
oblige.

Qu'avez-vous donc fait de cet aspect magistral, de
cette exécution large, de ce caractère sculptural ?

Que vous est-il arrivé enfin ?

— Ce qui vous est arrivé, je vais vous le dire. — C'est
que cette année, au lieu d'être vous, ce qui vous réussit
si bien, — vous avez voulu être un autre, poëte au lieu
d'être peintre — Pierre Dupont, au lieu d'être Joseph
Stevens.

Vous vous êtes fait traducteur au lieu d'être producteur, valet de chambre au lieu d'être maître.

Le chef-d'œuvre de Pierre Dupont vous a entraîné et vous vous êtes dit d'après un chef-d'œuvre : je ferai un chef-d'œuvre.

Vous vous êtes trompé.

Delille n'a pas fait un chef-d'œuvre d'après l'*Énéide*. Baour-Lormian n'a pas fait un chef-d'œuvre d'après la *Jérusalem délivrée*.

Il n'y a qu'une organisation mixte et flexible comme Ary Scheffer qui puisse, peintre, décalquer un maître en poésie, faire Françoise de Rimini, d'après Dante ; Mignon, d'après Gœthe ; saint Augustin, d'après les Confessions.

Vous, vous êtes un peintre robuste, tout d'une pièce ; vous ne pouviez pas être autre chose que peintre. Scheffer pouvait être poëte et poëte distingué.

Vous tenez toujours un pinceau de la main droite, vous ; Scheffer, lui, tient de temps en temps une plume de la main gauche.

Vous n'avez besoin de rien lire pour faire votre tableau, vous, vous ouvrez ce grand in-folio qu'on appelle la nature et vous regardez devant vous.

C'est pour vous que la création pose, aucun poëte n'eût existé avant vous que vous n'en existeriez ni plus ni moins.

Il n'en était pas de même de Scheffer : il n'existerait qu'à moitié, si saint Augustin, si Dante et Gœthe n'eussent point existé avant lui.

Vous me direz que si votre tableau était mieux placé,

il ferait mieux, que l'on pourrait mieux juger et le dessin et l'exécution, qui en est fort étudiée, trop étudiée
peut-être, mais, ces points admis, je ne vous en dirai
pas moins : Votre tableau manque d'aspect, de vie, de
solidité.

J'y vois aussi bien que vous les qualités de votre peinture, et votre traduction sur la toile de ces quatre vers
de Pierre Dupont est fort bien racontée :

> Lorsque je fais halte pour boire
> Un brouillard sort de leurs naseaux,
> Et je vois sur leur corne noire
> Se poser les petits oiseaux.

Vous avez interprété ces vers en poëte, *trop en poëte
malheureusement.*

Vous avez même choisi un aspect distingué de la nature, en automne, un temps gris, le soir ; — vos bœufs
sont bien dessinés, vous vous êtes attaché au côté pittoresque de l'animal ; — le paysan qui chante, et qui,
peut-être, devrait boire, est bien le propriétaire de ces
bœufs et ce n'est point un paysan socialiste prêt à faire
le coup de fusil. — Mais encore une fois l'exécution de
votre tableau est maigre, la peinture creuse, l'aspect
triste ; la nature est heureuse et vivace près de ce
paysan heureux et plein de vie.

Allons, allons, vous nous devez une revanche de ces
maudits bœufs.

M. DE WINTER, d'Anvers, expose deux *marines*. Jusqu'ici nous n'avons trouvé que celle qui est vue au *clair de lune*.

Ce tableau nous était déjà connu, ou plutôt M. de Winter a le grand tort de refaire toujours le même tableau, ce qui fait que l'on croit toujours revoir celui qu'on a déjà vu. Un plus grand tort encore de M. de Winter, c'est de faire avec beaucoup trop d'habileté des tableaux qui tiennent plus du décorateur que du peintre : peut-être est-ce l'admiration outrée des œuvres du peintre allemand A. Achenbach, qui a traité souvent le même sujet que M. de Winter, qui a jeté ce dernier dans un genre de peinture qu'il abandonnera dès qu'il sera bien convaincu que s'il y a des rangs pour les créateurs, il n'y en a point pour les imitateurs.

M. OSWALD ACHENBACH, de Dusseldorff, élève et imitateur de son frère Andreas, qui jouit partout ailleurs qu'en France d'une énorme réputation, nous a envoyé un tableau que nous préférons à beaucoup de tableaux de son professeur.

Le môle de Naples est représenté avec une vérité remarquable, un caractère italien qui sent son Vésuve d'une lieue ; l'aspect du tableau est lumineux et d'une grande couleur locale, l'exécution en est plus large et sent moins la convention que celle de beaucoup de tableaux des frères Achenbach.

En somme, charmante toile, pleine de vie, de couleur et de vérité.

M. LE COMTE DUBOIS a envoyé au salon trois tableaux

que sa qualité d'étranger a fait admettre et placer dans les bons panneaux de l'Exposition ; — peut-être devait-on cet encouragement à un jeune homme de l'aristocratie belge, — plus tard on sera plus sévère pour l'homme arrivé, qu'on ne l'est *aujourd'hui* pour l'élève qui s'essaye.

Aujourd'hui, faisons comme le jury de réception et la commission de placement, soyons *encourageant*.

V

.

THÉODORE ROUSSEAU — ZIEM — DAUBIGNY — CABAT — LE SCULPTEUR CLESINGER

Nous éprouvrons presque un remords d'avoir tardé jusqu'ici à vous parler de THÉODORE ROUSSEAU.

Rousseau est non-seulement un maître, mais un novateur. Rousseau doit tout son talent, toute sa science, tout son art, à lui-même.

Rousseau ne tient rien de la tradition et ne rappelle aucun maître ancien, ni comme impression de nature, ni comme façon.

Aussi Rousseau a-t-il eu grand mal à se faire accepter. Pendant cinq ou six expositions successives, j'ai constamment entendu dire comme s'il s'agissait d'un parti pris :

Rousseau a eu un tableau, deux tableaux, trois tableaux refusés cette année.

Il a fallu une profonde conviction à Rousseau, nous l'avouons, pour ne pas se laisser décourager.

Si l'art moderne de la peinture est un progrès, c'est, avouons-le, chez les paysagistes qui, comme Théodore Rousseau, ont vu, compris et interprété la nature d'une tout autre façon que les maîtres anciens. Ces derniers, il faut le dire, dût-on crier au blasphème, ont plutôt fait leurs tableaux dans l'atelier que devant la nature. Si bien que presque toujours ils ont refait le même tableau, impression, façon, coloration ; ce que je dis là est surtout fait pour le maître hollandais Hobbema !

Je ne connais pas Rousseau, je ne sais rien de sa manière de faire, mais je crois que ses études sur nature sont faites avec une certaine difficulté et qu'il les refait dans l'atelier, se retrouvant peut-être plus exactement devant la nature en souvenir, qu'il n'y était avec la nature sous les yeux.

Certaines organisations, et ce sont les bonnes à notre avis, sont ainsi faites que c'est dans l'atelier qu'elles ont toute leur verve et toute leur fraîcheur d'impression.

Rousseau disait un jour à Diaz combien il le trouvait grand paysagiste, et lui exprimait l'admiration passionnée qu'il éprouvait pour ses intérieurs de forêt.

Mais Diaz, de son côté, lui répondit avec une conviction sincère :

— C'est vrai, je connais un chemin dans le paysage, mais toi, Rousseau, tu les connais tous.

L'opinion de Diaz, qui en vaut bien une autre, est entièrement partagée par nous.

Chaque tableau de Rousseau est une impression nouvelle, parce que chaque fois qu'il regarde la nature il la voit avec une âme toujours jeune et toujours impressionnable ; et, en effet, Rousseau est peut-être le paysagiste le plus sensitif que nous connaissions, partant, le plus intéressant à suivre dans les impressions qu'il subit.

Veut-il rendre un site où l'on aimerait à se reposer, à vivre quelque temps en paix, à passer sa vieillesse, à finir ses jours loin du monde et de ceux qui le peuplent, Rousseau nous exprime tout cela par le sentiment de son tableau. Dans le petit monde que vous vous êtes choisi, tout ce qui vous entoure doit vous intéresser, on y sent l'intimité.

Veut-il nous rendre un aspect de la nature que l'on admire en voyageur, en passant, — aspect dont on conservera seulement le souvenir, sans désirer s'y arrêter, séjourner, y poser sa tente, Rousseau vous exprime cet aspect par un faire tout opposé, par une pensée et un sentiment tout différents.

Et jamais dans l'œuvre de Rousseau on ne sent le métier dans l'exécution, parce que son exécution, comme celle des grands maîtres, est toute de sentiment.

Mais justement parce que notre admiration pour Rousseau est grande, réelle, sincère, nous ne lui cacherons
pas la vérité ; à un homme de sa force c'est un crime
que de mentir.

Eh bien, son salon de cette année n'est point à la hauteur de son talent : il n'y a pas là un tableau à mettre
en parallèle avec son *Soleil couchant* de la collection Collot. Je sais bien qu'il en est de certains tableaux comme
de certaines œuvres littéraires qui font époque, non-
seulement dans la vie d'un artiste, mais dans les annales
de l'art ; œuvres qui restent dans le souvenir de tous,
et qu'il n'est pas au pouvoir de l'auteur lui-même
d'égaler par un second chef-d'œuvre.

Chaque grand artiste a laissé ce souvenir de lui-même
que souvent il ne lui est plus permis de faire oublier.

Diaz, l'*Intérieur de forêt* de cette même collection
Collot.

Meissonnier, *la Barricade*.

Decamps, *le Christ au prétoire* et l'*École turque*.

Ingres, les portraits de Bartholini et de Bertin.

Ziem, *le Soir aux bords de l'Amstel*.

Willems, *la Veuve !*

Mais pour cette fois nous trouvons Rousseau au-dessous de lui-même dans son tableau exposé sous le titre :
Ferme des Landes : ce tableau, — chose rare dans les
œuvres de Rousseau, — ce tableau sent la fatigue : il a
été pris, laissé, repris, travaillé, retravaillé, et sent l'é-
puisement de l'artiste.

Un ciel sans air, sans profondeur, des valeurs pareilles

sur le ciel et sur les terrains; des verts uniformes et monotones; une exécution égale qui rappelle plus le point de tapisserie que la touche du pinceau : enfin absence de sentiment, parce qu'il y a excès de raisonnement.

On se demande devant ce tableau si ce que l'on y voit est la naïveté des peintres primitifs ou le génie qu. s'égare et qui, un pas encore, touchera presque à la folie.

Pourquoi vouloir à toute force se montrer si profond, si savant, si anatomiste. Pourquoi vouloir pénétrer le sentiment, le cœur, l'âme de l'arbre que l'on peint? On dirait que pour Rousseau cet arbre, comme les arbres animés de la forêt d'Armide, a toute une vie, tout un roman.

Dans quelques-unes des œuvres de Rousseau, comme dans celle-ci, par exemple, on peut lui reprocher de ne pas voir la nature assez grandement, de ne pas y apporter *un œil large*, de s'intéresser par trop aux détails, d'en abuser dans son tableau, de faire de l'Octave Feuillet en peinture, enfin.

Décidément, Rousseau, il faut retrancher de votre œuvre la *Ferme des Landes*, et, pour la faire oublier, nous allons nous arrêter devant les *Gorges d'Apremont* de la forêt de Fontainebleau.

La forêt de Fontainebleau, nom magique, rendez vous obligé de toutes les âmes rêveuses, où se coudoient, dans une perpétuelle absorption, le poëte, le peintre.

Quel vertige y a-t-il donc dans ce paysage morne, bas,

solitaire sans être sauvage, où l'on cherche inutilement
l'eau, le miroir des peintres et des poëtes.

Ce petit coin de la France est une espèce d'énigme.
Rousseau l'a vu cette fois dans son côté le plus saisissant. Un lieu original, sombre, rocheux, — le combat du
grès contre la bruyère et l'arbre tordu.

Que de gens j'ai connus qui sont restés englués à cette
forêt, combien de peintres surtout, Decamps, Biard,
Jadin, que sais-je moi !

Et ce n'est pas d'aujourd'hui, ce n'est pas une découverte moderne, une impression nouvelle, un jeu à la
mélancolie, saint Louis l'appelait *sa Thébaïde*, Henri IV,
ses délicieux déserts, Kosciusko y retrouva *ses forêts de la
Lithuanie*, Maud'huy, *sa Bretagne*; notre vieil ami Denne-
court qui, comme le roi Candaule, l'a dévoilée à tout le
monde, en est amoureux fou et l'appelle *mon adorée*.

Et, en effet, elle a tout, cette fée aux mille visages,
cette belle *Memorosa* de l'artiste italien que l'on voit dans
la salle de Henri II, cachée sous un âpre rocher, attendrie
et rêveuse, les mains pleines de fleurs et les yeux tout
trempés de larmes.

Elle a mille visages qui changent à chaque minute
du jour, elle a mille aspects avec lesquels elle vous attire,
vous retient, vous enveloppe comme avec des lierres,
comme avec des lianes.

Elle a les froides plantes alpestres, elle a la flore fri-
leuse du Midi, elle a des rochers accroupis comme des
sphinx, des grès soulevés comme des mastodontes, et
quelques-uns disent que le soir elle a ses fourrés si-

nistres, ses antres de voleurs, ses clairières, que la lune illumine pour le sabbat.

Rousseau est l'historien-poëte de cette belle forêt ; là, nous le retrouvons tout entier.

Aspect plein de vérité, coloration distinguée, impression rendue avec une âme religieuse devant la nature et devant l'art ; aussi sent-on, à la façon dont elle vous pénètre, dont elle vous séduit, que c'est de la peinture sérieuse.

Les Bords de la Sèvre, Bornage de Barbizon, Lisière de bois, Plaine de Barbizon, sont des tableaux remarquables ; cette nature est vivante, ces arbres ne réfléchissent pas, ne pensent pas comme dans la *Ferme des Landes* ; ils poussent tout simplement et c'est ce qu'ils ont de mieux à faire ; il est vrai qu'ils ont la chance de se trouver sous un vrai soleil qui pénètre par tous les pores de la nature.

Rousseau veut-il rendre un crépuscule, un effet vigoureux de la nature, il devient à la fois poëte et magicien, robuste de coloration ; veut-il rendre la virginité de l'année, la fraîche apparition du printemps, il devient tendre, sensible, frais, virginal comme cette jeune nature elle-même.

Que serait-ce donc si, au lieu de moi qui suis un étranger, un profane, c'était Rousseau qui vous expliquât devant ses tableaux le résultat qu'il a voulu atteindre ; il rendrait compte de tout ; il ferait tout comprendre ; il n'y aurait pas un rayon qui n'eût sa raison d'être, pas une ombre qui n'eût sa signification !

ZIEM, lui aussi, est un artiste de grand talent, et cependant son exposition de cette année n'est point heureuse; il a envoyé au salon de véritables pochades, deux *Vues de Constantinople* et deux *Effets de soleil couchant*, l'un sur les bords du Nil, à Damanhour, l'autre sur les Dardanelles, à Gallipoli.

Le soleil couchant sur les bords du Nil manque complétement de distinction, et nous doutons que les vues de Constantinople aient une grande vérité de couleur locale.

Nous disons, « nous doutons », parce que n'ayant vu Constantinople que l'hiver, et par un abominable temps, nous n'osons affirmer.

Mais ce que nous affirmons, c'est que cela cesse d'être de la peinture pour passer à la décoration, et de la décoration traitée avec les principes du décorateur qui veut arriver à l'effet quand même; des rouges surtout rappelant la confiture de groseilles, des blancs en sucrerie, et des jaunes en beurre frais.

Rappelons que c'est le même artiste qui a fait le magnifique tableau que nous citions tout à l'heure, *le Soir au bord de l'Amstel*, et ces charmantes toiles intitulées : *Vues de Venise.*

Dans le premier il y a cette note harmonieuse et calme de la nature, note que l'on entend au milieu de ses plus grands silences, et qui semble battre dans notre poitrine en même temps que ce balancier de l'horloge éternelle qu'on appelle le cœur.

Dans les autres il y a un air pur, vif, transparent, des

tons riches, fins, colorés, distingués : enfin ce que nous
croyons qui manque cette année aux tableaux du même
auteur : une couleur locale admirable. Vous voyez que
nous nous souvenons de M. Ziem, et, ne trouvant pas
assez à louer dans ce que nous voyons, nous le louons
dans ce que nous avons vu.

Un des grands succès de cette année, succès incontesté
et incontestable, est à DAUBIGNY.

Ajoutons que depuis plusieurs années déjà, cet éminent artiste soutient et dépasse presque toujours ses succès des années précédentes.

Les paysages de Daubigny sont superbes et d'une
grande vérité : c'est de la peinture franche, qui fait immédiatement deviner le caractère de l'artiste qui doit
être triste, mélancolique, rêveur.

C'est vous dire que cette peinture a une des premières
qualités que puisse avoir la peinture : la personnalité.

Je ne puis résister à faire une comparaison entre le
sentiment que m'inspire la peinture de Daubigny et celui que m'inspire la peinture de Troyon.

Devant la peinture de Daubigny je n'éprouve pas le
besoin de la campagne ; je me dis que c'est beau, que
c'est vrai : mais c'est humide, il doit y avoir de la fièvre
dans ces eaux dormantes et dans ces grandes herbes ;
je suis à Paris, j'y suis bien, ma foi restons-y.

Devant les tableaux de Troyon, au contraire, devant
cette nature réjouissante, et qui chante comme la cigale
sous un beau soleil, je ne tiens plus en place, je sonne
mon domestique, je lui dis de m'amener une voiture

découverte et je crie au cocher : A la campagne ! dans la plaine ! aux champs !

La seule critique que nous pourrions faire des paysages de Daubigny, c'est que ce sont surtout de grandes et belles études, que sa peinture, un peu vitreuse, est trop facile et pas assez étudiée.

Les verts surtout sont bitumineux.

La peinture trop facile, où manque ce que l'on pourrait appeler l'anatomie, finit par lasser ; les maîtres aussi ont l'exécution facile, mais on ne sent pas cette facilité ; au contraire, parfois ils semblent hésiter.

Les peintres des décadences ont seuls cette insolente facilité. Quand un étranger parle si bien notre langue que tout le monde le prend pour un Français, nous ne lui savons plus gré de la parler. Il semble que c'est un don naturel.

Mais quand de temps en temps une légère intonation rappelle qu'il est né sur une autre terre que la nôtre, nous disons : — Quelle étude il a fallu à cet homme pour si bien parler une langue qui n'est pas la sienne !

Nous détestons sentir la fatigue dans une œuvre quelconque, mais il ne nous déplaît pas d'y coudoyer de temps en temps l'art et l'étude.

Nous avons parlé en thèse générale, et Daubigny nous a été un prétexte pour parler ainsi.

Il a exposé cinq tableaux cette année. — *Les Graves au bord de la mer*; — les *Bords de l'Oise*; — *Soleil couchant*: — *Lever de lune* et les *Champs au printemps*.

C'est le premier de ces tableaux que nous préférons

aux autres. Il représente une grande prairie au printemps, en plein soleil, puis au milieu du tableau, sous
de grands arbres, des chevaux et des vaches vont chercher une ombre dont ils paraissent avoir grand besoin.

Ce tableau est le plus réjouissant des cinq, celui qui
renferme le plus de parfums de la campagne; il fait
chaud dans cette prairie, tout émaillée de fleurs prin-
tanières et charmantes, et l'on est tenté de s'approcher
des animaux pour se mettre un peu avec eux à l'abri de
l'ardeur du soleil.

Nature luxuriante et vivace.

Les *Bords de l'Oise* sont aussi rendus avec cette bonne
foi, cette simplicité, cette vérité que Daubigny apporte
dans toutes ses œuvres. Ce paysage est vaporeux, harmonieux, aérien! Les eaux sont transparentes et appartiennent bien aux terrains et au ciel.

Le Soleil couchant et *les Champs au printemps* ont
toutes les qualités personnelles de Daubigny; mais nous
ferons une réserve pour *le Lever de la lune.*

Un troupeau rentre paisiblement à la ferme.

Le malheur des *effets de lune*, c'est que ne pouvant les
prendre en face de la nature, il faut les faire de souvenir ou les inventer.

L'aspect du tableau de Daubigny ne nous fera pas revenir de nos préventions, on dirait d'une immense tache
d'encre sur laquelle on aurait collé un petit pain à ca-
cheter blanc.

Somme toute, les tableaux de Daubigny brillent au
salon par un sentiment personnel plein de bonne foi,

8.

exprimé avec la simplicité de cœur d'un véritable artiste.

Il y a surtout une chose dont il faut savoir gré à Daubigny : c'est de ne pas se croire obligé, pour produire de l'effet, d'aller chercher à mille lieues de nous ces sites que peu de nous connaissent, et de nous peindre, au contraire, une nature voisine et amie que nous avons vue hier et que nous reverrons demain.

On sera toujours moins impressionné devant une toile représentant un site inconnu, si ravissant ou si sauvage qu'il soit, que devant un de ces paysages intimes qui nous rappellent notre enfance.

Je ne parle pas des Parisiens, les Parisiens n'ont pas de patrie. Ils ont une rue, c'est-à-dire un amas de pierres superposées les unes aux autres, avec des ouvertures plus ou moins nombreuses, plus ou moins régulières.

Mais je parle des campagnards, des paysans comme moi, nés dans une petite ville ou dans un village ; de ceux qui, lorsqu'ils retournent après de longs séjours à Paris dans leur pays natal, descendent ou de la diligence ou de la chaise de poste une lieue avant que d'y arriver, prennent un petit sentier connu d'eux seuls, le long duquel ils retrouvent, comme des jalons, tous les souvenirs de leur enfance, et qui arrivent ainsi cachés par des haies, abrités par l'ombre des arbres, jusqu'à la maison où leurs yeux se sont ouverts et où ceux de leurs parents se sont fermés.

Toute ma sympathie au peintre qui me représente le sentier que je connais, la prairie où j'allais cueillir des marguerites, le saule au pied duquel je m'asseyais, où tout, jusqu'à l'air qui me caresse le visage, me parle de ceux qui m'ont aimé, qui m'aiment peut-être dans leur tombe, et que j'aimerai jusqu'à ce que mon cœur cesse de battre et ma mémoire de se souvenir.

Un autre grand artiste, qui débuta par d'immenses succès et qui depuis s'est laissé un peu oublier, reparaît par une œuvre, ou plutôt dans une œuvre des plus remarquables.

L'artiste, c'est CABAT.

L'œuvre, c'est *l'Étang des bois.*

Si Cabat procède d'un maître, c'est de Ruysdael, Ruysdael qui florissait dans cette funèbre année 1672 où la Hollande parut un instant anéantie sous l'invasion de Louis, et où elle appela l'Océan à son secours contre les armées françaises et ne se survécut qu'en se suicidant.

Aussi quelle mélancolie profonde dans Ruysdael effeuillant de maigres arbres au souffle de la tempête, et dans cet homme qui suit à demi courbé l'étroit et triste sentier qui le conduira vers sa maison peut-être submergée.

Le talent de Cabat, nous l'avons dit, n'est pas sans analogie avec celui du peintre-poëte de la Hollande, et, quoiqu'un peu tendu, il est plein de caractère et de charme, et par-dessus tout *d'un grand style.* Cabat, en outre, apporte dans son art un profond sentiment religieux. La peinture de Cabat est de la peinture de croyant.

CLESINGER, outre le robuste talent qu'il déploie dans ses sculptures, nous montre cette année qu'il est homme d'esprit fort habile. Il expose de la peinture — une *Ève* et *deux paysages*. — Nous ne discuterons pas cette peinture, qui, chose étrange, comme toute peinture de sculpteur, manque de modelé; il s'est dit avec raison : Ma peinture n'aura pas grand succès, mais en voyant ma peinture on pensera à ma sculpture, et l'on se précipitera dans le jardin où se trouvent les sculptures.

Aussi, afin de réclamer l'indulgence du public pour ses tableaux a-t-il eu soin, comme les chanteurs enrhumés, de faire une annonce :

Cette annonce est de signer ses tableaux : *le sculpteur Clesinger*.

Maintenant comment se fait-il qu'un sculpteur, fût-il de la taille de Clesinger, ne sache pas dessiner sur une toile, tandis que mettez de la terre glaise aux mains d'un peintre comme Delaroche, ou comme Ingres, il fera, certes, une statue pleine de sentiment.

Ary Scheffer était le professeur de statuaire de la princesse Marie.

Faisons donc ce que désire Clesinger, et précipitons-nous devant les marbres de cet artiste.

Clesinger apporte dans tout ce qui sort de ses mains habiles un caractère personnel qui fait que l'on reconnaît son ciseau comme aux premières lignes on reconnaît la plume d'un habile écrivain.

La sculpture c'est une fois plus rare de nos jours qu'en littérature.

Tout ce qui sort du ciseau robuste de Clesinger
surabonde de vie; il fait de l'art avec du tempérament,
on sent que sous sa main puissante le marbre s'amollit
et prend toutes les mollesses et toutes les vigueurs d'une
terre cuite; c'est de la sculpture comme celle de Pyg-
malion qui ne demande pas mieux que de vivre, et chose
rare, la nature de son talent le porte à exprimer avec
force et grâce en même temps.

Sa sculpture n'est peut-être pas d'un grand style, surtout quand elle veut rendre les sujets antiques, mais
elle est moderne, bien individuelle, bien vivante.

Les draperies en sont fouillées avec l'habileté des
sculpteurs du dix-huitième siècle.

Le peintre Clesinger expose six marbres :

*Zengara, Taureau romain, Napolitaine, Romaine, Tête
de Christ* et *Sapho.*

Le marbre le plus important et le mieux réussi est
la Zingara dansant, appuyée sur le bout du pied, une
jambe rejetée en arrière, les bras élevés à la hauteur de
la tête qu'elle rejette aussi en arrière ; cette figure est
d'une ampleur et d'une allure remarquables! c'est le
mouvement, c'est la santé, c'est la vie ; les chairs sont
palpitantes de vérité ; de quelque côté que l'on regarde
ce marbre on trouve des lignes admirables, gracieuses,
unies à la force et à la volonté dans le dessin. Les linges
et les draperies sont traités à la fois en maître puissant
et en praticien habile ; c'est fouillé avec l'impatience et
la délicatesse de l'amour ; l'exécution est large et savante. *La Zingara* est de la sculpture pleine de couleur.

Le Taureau romain pourrait aussi bien porter le titre de *Taureau Farnèse* : ce bel animal, ce colosse, grand sixième de nature peut-être, est carrément posé sur ses quatre jambes dans une attitude simple et calme ; ce calme qui est à la fois le symbole et la preuve de la force.

Ce taureau est non-seulement robuste, mais splendide ; on voit tout de suite que celui qui a pétri ce grès est un artiste qui sait faire la figure humaine ; jamais un simple sculpteur d'animaux, nous en exceptons Barye qui, lui aussi, est non-seulement un sculpteur d'homme, mais qui, lorsqu'on le voudra, sera un sculpteur de géants ; jamais un simple sculpteur d'animaux n'aurait donné à son œuvre un tel caractère de grandeur.

C'est de la sculpture tout simplement monumentale. L'artiste est un maître qui sait oublier l'anatomie pour nous montrer, non le détail, mais le côté de grandeur artistique que revêt parfois la nature.

Les deux marbres de Clesinger doivent être rangés parmi les chefs-d'œuvre du salon, et à coup sûr parmi les sculptures antiques ou modernes les plus remarquables dans ce genre.

Les deux bustes, *Napolitaine* et *Romaine*, possèdent toutes les qualités splendides qui font de Clesinger un des premiers sculpteurs de notre temps Ici encore nous rencontrons la vie, l'habileté, la force, la grâce, la forme *non cherchée*, mais *trouvée* ; rien de mesquin, rien de vulgaire dans ces deux bustes représentant de belles et saines Italiennes.

La Tête du Christ est d'une exécution large et simple, mais ici nous admirons plus le praticien que l'artiste ; la main l'emporte sur le cerveau; ce n'est ni le Christ-Dieu, ni le Christ-homme.

C'est, si l'on veut, la tête d'un martyr.

La *Sapho terminant son dernier chant* est le morceau inférieur de l'exposition de Clesinger; là où l'artiste était forcé d'abandonner le côté robuste pour la pensée, le style, l'art élevé, l'art antique enfin, il nous montre une Sapho petiote, grêle, sans allure, sans grandeur.

Clesinger au reste est une de ces organisations vitales qui ne s'arrêtent pas dans la voie du progrès; il possède une organisation pleine de séve qui le pousse en avant.

Il ose parce qu'il peut oser, il ne fait jamais si bien qu'en osant.

VI

WINTERHALTER — ÉDOUARD DUBUFFE — RICARD — Mme O'CONNELL — LAMORINIÈRE — LOUIS DUBOIS — TRAYER — GENDRON — DE CURZON — PLASSAN — FAUVELET — CHAVET — FICHET — PÉCRUS — ULYSSE — B. DESGOFFE — VAN MUYDEN — ÉDOUARD FRÈRE — FORTIN — COMTE

Nous avouons qu'on nous embarrasserait énormément si l'on nous posait cette question :

Lesquels préférez-vous des portraits de M. WINTER-HALTER ou de ceux de M. ÉDOUARD DUBUFFE ?

Nous serions d'autant plus embarrassé que peut-être ne serions-nous pas tout à fait de l'avis du public, et surtout de cette partie du public pour laquelle nous avons toujours professé le plus grand respect et surtout la plus grande admiration : *pour les dames*, comme dit dans sa devise le seigneur de Juvisy.

Notez que nous disons *pour les dames* et non *pour les femmes*.

Et en effet, à l'endroit de la peinture, nous faisons une grande différence entre *les dames* et *les femmes*.

Les femmes, c'est la partie musculaire du sexe féminin, c'est Cornélie, c'est Cléopâtre, c'est Éléonore de Guyenne, c'est Mme d'Étampes, c'est la reine Margot, c'est Mme Roland, c'est Charlotte Corday, c'est Mme Tallien, c'est Mlle Georges.

Les dames, c'est la partie nerveuse de ce même sexe ; c'est, ou plutôt, ce sont les originaux des portraits que font Winterhalter et Dubuffe.

Les dames font queue pendant des mois à la porte des ateliers de MM. Winterhalter et Dubuffe; elles s'inscrivent, elles ont leurs numéros d'ordre, l'une à un an, l'autre à dix-huit mois, l'autre à deux ans.

Les princesses ont des tours de faveur.

Toutes *les dames* ambitionnent, dans leurs boudoirs, un portrait d'elles par Winterhalter ou Dubufe.

Des mains de ces habiles magiciens elles sont tranquilles, elles sortiront toujours blanches, roses et fraîches comme des fleurs.

Peut-être leurs cheveux auront-ils l'air quelquefois de copeaux enlevés à la varlope ; peut-être le taffetas et le satin de leur robe risqueront-ils de casser comme du fer-blanc badigeonné; mais sous ce satin et sous ce taffetas,

il y aura des tailles impossibles, des pieds introuvables ;
il y aura dans tout l'ensemble une grace nonchalante,
pleine à la fois de fatigue et de désirs, qui fixera sur la
toile sinon les cœurs des hommes, du moins les lorgnons
des dames.

Or, c'est pour *les dames* que *les dames* se font belles.

Les femmes, c'est pour les hommes.

En somme, ces deux artistes font *joli* ; l'apogée de leur
réussite est de faire *charmant.*

Ce n'est peut-être point assez pour l'art tel que le com-
prenaient Léonard de Vinci, dans *la Belle Féronnière :*
Raphaël dans *la Dogni*, Van Dyck dans *la Marquise de
Brignole*, Rembrandt dans *la Femme à la perle* ; mais certainement, c'est assez pour l'art, tel que le comprennent
les dames de 1859.

Disons un mot des portraits en général.

Le salon est encombré de portraits, de mauvais portraits même, et cependant le jury en a refusé par centaines.

C'est qu'aussi, hâtons-nous de le dire, dans l'art moderne avec notre piètre costume, avec la coupe de cheveux et de barbe qu'il comporte, il est horriblement
difficile de faire un bon portrait, et c'est ce qui fait le si
grand mérite de M. Ingres dans ce genre. Il a réussi, il
a fait plus que des portraits, il a fait des *œuvres* ; c'est
dans ses portraits surtout que M. Ingres est *un maître*,
bien plus encore dans les portraits d'homme que dans
les portraits de femmes.

C'est que M. Ingres, — nous ne connaissons pas sa vie

intime, — nous paraît infiniment mieux comprendre l'homme que la femme. M. Ingres, d'après son talent, peut avoir eu de longues, de solides, de durables amitiés, nous serions étonné qu'il eût jamais ressenti un violent amour.

Dans ses portraits d'homme, M. Ingres raconte sa propre nature, soit qu'il peigne son ami le statuaire Bartholini, ou son autre ami le journaliste Bertin.

C'est quelque chose que de raconter à la fois sa propre nature et celle de l'homme dont on fait le portrait.

Le portrait de M. Bertin est toute son époque : les dix-huit ans du règne de Louis-Philippe sont enfermés dans ce cadre qui représente *la bourgeoisie.*

La bourgeoisie est assise sur la chaise curule ; elle regarde la royauté de Juillet en face ; elle lui dit, les mains appuyées sur ses genoux :

— Ce n'est point cela, drôlesse, il faut compter avec moi.

Et effectivement la pauvre royauté de 1830 a compté avec les bourgeois qui l'ont mise à la porte comme une servante infidèle, sans même lui accorder les huit jours que l'on accorde à une servante.

Dans le portrait de M. Bartholini, M. Ingres a prouvé qu'il était le seul artiste contemporain pouvant, par amour de la forme, donner du caractère, de la distinction, du pittoresque même à notre affreux costume ; ici, ce n'était plus l'ami de M. Bertin racontant l'arrogant publiciste, non c'était un grand peintre racontant un grand statuaire. Aussi, ce portrait de Bartholini n'avait-il plus la face lourde et vulgairement puissante de l'autre : il avait le masque d'un empereur romain, d'un César plein d'intelligence aux yeux de faucon, *occhi griffagni*, comme dit Dante, son compatriote.

Il y a plus, c'est que dans ces deux portraits le reproche que l'on fait si justement à M. Ingres [1] d'être anti-coloriste n'existe plus.

Ces deux portraits sont d'une superbe couleur, parfaitement appropriée aux deux modèles que ce peintre a eu à représenter.

C'est une chose plus grave qu'on ne pense, que le choix de l'artiste qui doit faire votre portrait ; cela ressemble beaucoup au choix d'un médecin quand on est malade. L'un et l'autre doivent connaître votre caractère, votre tempérament, vos aptitudes. Louis Boulanger fait, dans ce moment-ci, un très-beau portrait de moi. Eh bien ! je pose devant lui non-seulement parce que je le sais grand peintre, mais encore parce que je le tiens pour un de mes meilleurs amis.

A talent égal, un artiste fera un meilleur portrait de l'homme qu'il aime et qu'il connaît depuis trente ans, que n'en fera un autre artiste d'un homme qui pose devant lui pour la première fois.

Voyez Rembrandt, *portrait du bourgmestre Six*.

Voyez Van Dyck, *portrait de la Présidente*.

---

[1] L'anagramme de *Ingres* est *en gris*.

Maintenant, laissez-moi vous raconter l'histoire d'un portrait.

Ce portrait, il est au Louvre ; c'est le fameux portrait de Charles Ier que les Anglais ont offert, assure-t-on, de nous racheter en couvrant la toile de pièces d'or.

Il est, je crois, de 1638 ou 39, dix ans avant la mort terrible du roi qu'il représente.

Regardez ce tableau, et dites-moi si le génie du peintre ne lui a pas fait deviner l'avenir.

Ce tableau est tout une prophétie.

Charles Ier, debout, à pied, le chapeau sur la tête, ses longs cheveux flottants au vent, regarde, de son bleu et mélancolique regard, la mer qui ferme l'horizon.

Il a, près de lui, un cheval tout sellé que lui tient un page.

Supposez qu'au lieu que ce soit Charles Ier qui ait survécu à Van Dyck, ce soit Van Dyck qui ait survécu à Charles Ier.

Supposez qu'au lieu d'être fait dix ans avant la mort et d'après nature, il ait été fait dix ans après et de souvenir ; le peintre, la destinée du roi accomplie, n'aurait rien trouvé à changer au portrait.

Cet homme qui regarde la mer qui l'enferme dans son île, côte à côte avec son futur échafaud, n'est-ce pas le vaincu de Naseby forcé de se réfugier en Écosse, faute d'un vaisseau pour gagner la France ? N'a-t il pas l'air de dire, dans sa mélancolique résignation : « Par delà cette ligne bleue seraient la liberté, le repos, le salut. »

Eh bien! cependant, Van Dyck était mort cinq ans avant cette défaite de Naseby, c'est-à-dire avant cette époque où Charles Ier, fugitif, interrogea les lointains déserts de l'Océan.

Tel est le génie : il ne copie pas, il crée ; il ne traduit pas le présent, il prophétise l'avenir.

Le côté étrange de ce portrait, c'est que son histoire ne s'arrête point là.

Ce page qui tient le cheval du roi, la tradition veut qu'il se soit appelé Bary.

Or, Jeanne Vaubernier, née à Vaucouleurs, devenue comtesse Du Barry, était maîtresse de Louis XV vers l'an de grâce 1770.

Les courtisans ne savaient quelle flatterie inventer pour se mettre aussi avant que possible dans les bonnes grâces de cette courtisane qui, selon la belle expression de Lamartine, déshonora tour à tour le trône et l'échafaud.

M. de Richelieu, qui était pour Mme Du Barry un peu plus qu'un courtisan, avait vu le portrait du roi Charles Ier à Londres. Il connaissait la tradition du page nommé Bary. Il inventa que, quoiqu'il lui manquât un *r*, ce page devait être l'aïeul du comte Du Barry, mari *in partibus* de Jeanne Vaubernier.

Il fit acheter le tableau à Londres et en fit cadeau à Mme Du Barry.

Mme Du Barry logeait dans les mansardes de Versailles où le roi Louis XV ne dédaignait pas de lui faire visite tous les jours.

Elle fit placer le tableau en face du canapé où le roi

venait partager son trône, puisqu'elle ne pouvait point
partager le trône du roi.

Le plafond était bas ; le cadre touchait presque le parquet.

Ainsi placé à la hauteur des yeux qui le regardaient,
le portrait prenait une étrange vitalité.

Il attirait naturellement à lui le regard du roi
Louis XV, et chaque fois que Jeanne, qui était de l'in-
trigue du renversement de Choiseul et de l'exil des Par-
lements, voyait le regard du roi s'arrêter sur le tableau,
elle lui disait : — La France, n'oublie pas que tu as devant les yeux un roi que ses ministres ont trahi, et à qui
son Parlement a fait couper le cou.

Louis XV se lassa d'entendre toujours dire la même
chose.

Il renvoya ses ministres et exila son parlement.

Vous croyez que l'histoire du portrait de Charles Ier
finit là ? non pas, vous vous trompez.

Après les 5 et 6 octobre, Louis XVI fut ramené à Paris
et forcé d'habiter les Tuileries.

Les Tuileries, inhabitées depuis Louis XIV, étaient à
peu près démeublées.

On prit des meubles à Versailles pour garnir la
chambre du roi.

Au nombre des meubles qu'on y prit était ce prophé-
tique portrait de Charles Ier.

Le tapissier le plaça en face du lit de Louis XVI.

Avouez que le valet du bourreau n'eût pas mieux fait
dans sa prescience du 21 janvier 1793, que Van Dyck
dans sa prescience du 30 janvier 1649.

Et maintenant, pour en finir avec Van Dyck, ce roi du portrait, disons quel reproche nous aurions à lui faire, si notre critique pouvait atteindre un pareil génie à la hauteur où il est placé. C'est qu'au lieu de vulgariser, lui, comme font beaucoup de portraitistes, *il aristocratisait*. Ce peintre si distingué s'était fait le dispensateur de la distinction ; il idéalisait aussi bien le bourgeois flamand que le grand seigneur anglais, inférieur en cela à Holbein qui, dans chacun de ses portraits, nous raconte le caractère, le tempérament, la nature de son modèle.

Laissons ces glorieux trépassés et passons aux vivants.

RICARD expose dix portraits qui tous dénotent un artiste d'une rare intelligence.

La peinture de Ricard est pleine de procédés intelligents et très-souvent imprégnée d'une trop grande préoccupation des anciens maîtres ; ces procédés trop cherchés, presque toujours réussis, font qu'on ne trouve jamais l'homme de cette peinture : chacun des portraits de Ricard est, sinon un procédé, du moins un essai différent.

Quoi qu'il en soit, Ricard est un des portraitistes de notre temps qui marche au premier rang, un artiste en fleur qui, un beau jour, se montrera au salon avec une peinture franchement adoptée.

Ce jour-là il aura produit un fruit.

Le jury d'admission ne nous permet de juger le talent de Mme O'CONNELL que sur deux portraits, et c'est là un grave reproche que nous avons déjà adressé à ce jury ; mais on ne saurait trop redire une vérité, surtout quand

cette vérité signale une injustice. De son côté, le jury
de placement ne nous permet d'en juger qu'un seul, celui
de M. Charles Edmond, car celui de M. Edmond Texier
est tellement mal placé qu'il nous est impossible d'en
faire l'appréciation.

Mais, par bonheur, le portrait de M. Charles Edmond
suffit à nous montrer tout ce que sa peinture renferme
de tempérament, de virilité, de solidité et de vie.

La masse du public préférera le portrait de Mme Henriette Brown ; nous préférons celui de Mme O'Connell.

Prenons à parti M. LAMORINIÈRE : pourquoi avec un
talent réel adopter cette peinture demi-deuil qu'il paraît affectionner ? Pourquoi cette absence de lumière et
de soleil qui fait que de loin on prend ses tableaux pour
des sept et des dix de pique, qui vous donneraient de
véritables idées de suicide si on les regardait trop longtemps ?

M. Lamorinière semble chercher à faire une concur-
rence inintelligente à la photographie. Son exécution tient
plus du peintre sur porcelaine que du peintre sur toile.
Cette peinture tendue, cassante, incolore, manque de jeunesse, de vie, de nature, de laisser-aller ; c'est du paysage
de fantaisie fait entre les quatre murs d'un atelier.

Disons tout de suite que la commission de la loterie,
moins sévère que nous pour M. Lamorinière, a fait l'acquisition de l'un de ses tableaux.

M. LOUIS DUBOIS, de Bruxelles, a envoyé au salon
trois tableaux, ou plutôt trois études, qui dénotent chez
ce jeune artiste le tempérament d'un peintre.

Ces trois tableaux sont : *Le Lendemain de la fête*, un *Enfant de chœur*, et *des Cigognes dans un marais*.

Des trois tableaux, celui que nous préférons est le dernier, très original, très-puissant, très-distingué de coloration ; seulement nous conseillons à M. Dubois de se défier de l'amour qu'il professe dans ses tableaux pour la peinture de Courbet. La peinture de Courbet est un bon enseignement, mais un mauvais modèle.

M. TRAYER expose deux tableaux, *Une famille à l'époque des vacances*, et un portrait. intitulé nous ne savons pourquoi, *Sérénité*.

M. Trayer a obtenu des succès que nous voudrions voir se consolider : en tout l'éphémère nous attriste.

Ce que nous reprochons à la peinture de M. Trayer, c'est son manque de distinction. Nous ne parlons ici ni de la distinction de la forme, ni de la distinction des vêtements : nous parlons de la distinction du pinceau en général.

Sérénité est, en plus grand, une des figures du tableau de *la Famille*. Pour être plus grande, est-elle meilleure que les autres ? Ce n'est pas notre avis.

M. GENDRON a au salon trois tableaux, dont l'un, *la Délivrance*, sujet tiré d'un conte de fée, est d'une originalité remarquable.

Ce tableau n'est peut-être, et à la rigueur, ni d'un dessinateur ni d'un peintre ; mais l'arrangement en est tout à fait personnel. Un homme cuirassé, à cheval, un Persée ou un Roger quelconque, enlève au-dessus des

flots bleus une jeune femme dans un costume *tout pri-
mitif*. Les mouvements de ces deux figures sont char
mants, et appartiennent d'autant plus à l'artiste, que je
doute que la nature puisse les donner.

Cette composition ferait un ravissant plafond.

Les tableaux de M. DE CURZON se font reconnaître
par un sentiment des plus remarquables.

Celui que nous préférons est sa *Psyché* revenant des en-
fers et rapportant à Vénus l'écrin qui contient cette perle
ou plutôt cette goutte d'eau appelée l'espérance. C'est une
œuvre de talent avec de la distinction, des intentions
fines, comme dessin, mais dans des données si faibles,
d'un aspect si vaporeux, que l'on peut craindre, dans le
cas où l'artiste persisterait dans cette voie, que son tempérament ne s'efface complétement, et qu'un beau jour
il ne s'éteigne comme une lampe qui manque d'huile.

Maintenant, que dire de tous ces petits imitateurs
d'un maître unique et inimitable qui signe ses chefs-
d'œuvre Meissonnier, et fait de grands tableaux dans de
petits cadres.

Tout au contraire de Meissonnier, dont les tableaux
sont plus grands que les cadres, les cadres de ses imitateurs sont plus grands que leurs tableaux.

Maintenant, veut-on de la miniature en pied, de la miniature sujet, de la miniature de miniature? Adressez-
vous à MM. PLASSAN, FAUVELET, CHAVET, FICHEL,
PÉCRUS, ULYSSE, etc., etc. A dix pas, vous croirez avoir
des Meissonnier ; mais, tendez une corde à dix pas, ne
laissez point approcher de vos *trompe-l'œil*, et surtout ne

les regardez pas comme on peut faire de la peinture du maître, à la loupe.

M. B. DESGOFFE a une exposition merveilleuse, surprenante, miraculeuse. Ses tableaux, vous le rappelez-vous ? sont ceux qui représentent *des vases de pierre* : c'est d'une telle exécution, d'un tel métier, d'un tel fini, d'une telle patience, que si Gérard Dow revenait au monde, il s'avouerait vaincu devant un tapis turc de M. Desgoffe, où l'on voit la trame, l'irrégularité du tissu et jusqu'aux atomes de poussière qu'il renferme.

M. Desgoffe est non pas *l'artiste peintre*, mais *l'ouvrier peintre* le plus habile que nous ayons jamais rencontré.

Ordinairement, les artistes qui vouent leur existence à cette reproduction inintelligente d'objets inanimés font une peinture commune ; tout au contraire, empressons-nous de dire que les tableaux de M. Desgoffe sont d'une coloration distinguée, pleine de goût, d'un dessin presque savant.

Réellement, autant vaut posséder un de ces tableaux exposés au salon qu'un de ces vases enfermés dans leurs armoires de verre du vieux Louvre : un Desgoffe qu'un Benvenuto Cellini.

Mettez en prison un homme ayant certaines aptitudes, glissez-lui un pinceau entre les doigts, passez son pouce dans une palette, placez-le dans un bon jour et dites-lui : vous ne sortirez d'ici qu'après avoir fait un tableau comme M. Desgoffe, et au bout de dix, de vingt, de trente ans, il est probable qu'il aura réussi et gagné sa liberté.

Mais mettez ce même homme en prison et ne le laissez

sortir que s'il vous a fait un Delacroix, le pauvre diable est prisonnier a perpétuité.

M. VAN MUYDEN fait de charmants tableaux, mais dans une donnée faible. Il a cependant au salon *Un corridor du couvent de Pallazuolo, près Albano*, qui est une merveille sous tous les rapports.

Au bout de ce corridor, appuyé sur une fenêtre ouverte, on aperçoit un capucin qui tourne le dos au spectateur. C'est une œuvre réussie à tous égards, d'une vérité, d'un calme, d'une intimité de lumière remarquable. Un rayon de soleil pénètre par cette fenêtre ouverte, et l'on devine la campagne invisible, éclairée pendant un jour calme et chaud, des flots de ce même soleil dont le peintre a confisqué une vague à son profit.

On sent dans ce capucin le recueillement, la contemplation, le bonheur tranquille, presque sensuel du cloître, cette monotonie continuelle qui devient la volupté de la solitude et de l'extase.

M. ÉDOUARD FRÈRE a eu aux salons précédents un succès qu'il n'aura pas à celui-ci. Nous lui faisons le même reproche que nous avons fait aux imitateurs de Meissonnier, petits personnages, petite exécution, petits sentiments, petite coloration. M. Frère glisse sur une pente rapide, mais qu'il s'accroche à la main que nous lui tendons, et il remontera au niveau des dernières expositions.

Tout au contraire de M. Édouard Frère, M. FORTIN, tout en exposant des tableaux de petite dimension, semble être appelé par la nature de son talent — et nous lui en trouvons beaucoup — à faire de la grande peinture. Les tableaux de cet artiste dénotent un tempérament et une solidité qui se trouvent à l'étroit dans ses petites toiles. Nous n'avons pas l'honneur de connaître M. Fortin, mais nous sommes convaincu qu'il y a en lui une raison en dehors de l'artiste qui l'oblige à fabriquer ses malheureux petits tableaux. Faites des sacrifices, M. Fortin, mais étendez vos toiles et sortez au prochain salon de ce lit de Procuste où vous êtes étendu.

M. COMTE expose cette année deux tableaux : *Le cardinal de Richelieu*, et *Alain Chartier et Marguerite d'Écosse*.

M. Comte avait au salon de 1855 un tableau d'un vrai mérite que la princesse Mathilde, plus artiste encore peut-être que princesse, a acheté : *Henri III à Blois*.

Nous aimons moins *Le cardinal de Richelieu* que cette peinture pleine de caractère que nous venons de citer. *Le cardinal de Richelieu* est un peu vulgaire, un peu *tout le monde*, et nous sommes étonné d'avoir ce reproche à adresser à M. Comte, dont la qualité saillante est l'invention, l'arrangement, la composition, le caractère personnel.

Le cardinal de Richelieu, assis dans un fauteuil près d'une grande cheminée, joue avec les fameux chats dont la tradition, sinon l'histoire, a fait ses compagnons obligés. Le père Joseph du Tremblay, qui écrivait probablement sous la dictée du cardinal, se soulève avec un sourire de courtisan sur les lèvres, pour admirer la gentillesse des chatons.

Vous avez tous vu ce même sujet traité de la même façon.

Nous préférons l'autre tableau de M. Comte, *Alain Chartier*.

Marguerite d'Écosse, sortant de la messe, rencontre le poëte Alain Chartier qui, accablé par la chaleur, s'est endormi sous une galerie contre le pilier d'un cloître. La princesse s'approche de lui et lui donne un baiser sur les lèvres. La suite de la princesse s'ébahit de cette privauté; mais Marguerite répond aux dames et aux seigneurs: — « Ah, bien ! ce n'est point l'homme que je baise, mais la bouche d'où sont issus tant de bons mots et de vertueuses paroles. »

Hélas ! l'excuse, si littéraire qu'elle fût, ne porta point bonheur à la pauvre Marguerite. Louis XI n'entrait point dans toutes ces délicatesses. Elle mourut jeune et tellement dégoûtée de ce monde, qu'elle dit en mourant:

— « Oh! fi de la vie, qu'on ne m'en parle plus. »

Dans ce tableau, pas plus que dans tous ceux qui sortent de son atelier, M. Comte n'a la prétention d'être coloriste. Il ne cherche pas même à le paraître. Mais cependant, dans celui qui nous occupe en ce moment, il y a une telle désharmonie de coloration que les yeux en sont blessés. M. Comte apporte dans toutes ses œuvres une si grande recherche de caractère que nous lui donnons sincèrement le conseil de ne pas outrer cette qualité, s'il ne veut courir le risque de tomber dans la charge du caractère.

Mais en échange, ce petit tableau d'*Alain Chartier* est

délicieux d'arrangement. La pose de Marguerite est ravissante; c'est une figure *trouvée*, et *trouvée* avec un rare bonheur. Nous n'en dirons pas autant du poëte, auquel M. Comte fait une tête énorme, et beaucoup plus forte que ne le comporte le reste du corps. Alain Chartier, nous le savons, était laid et avait la tête trop grosse. Mais si M. Comte s'est fait à ce point l'esclave de la vérité historique, nous lui dirons qu'en ce cas, l'accoutrement de Marguerite d'Écosse est bien riche pour appartenir à la femme d'un roi aussi parcimonieux que l'était le bon roi Louis XI.

Le talent de M. Comte appelle la reproduction par la gravure. Ce n'est pas un éloge que nous voulons faire, et nous n'aimons pas ces tableaux qui, au lieu d'y perdre, gagnent à passer par le burin du graveur.

VII

LA MORT ET LE BUCHERON, de MILLET (tableau refusé)
LOUIS BOULANGER — FROMENTIN — BONVIN

Tout homme d'un jugement sain et impartial, sans système, sans prévention, d'un esprit accessible à toutes les beautés artistiques, est aussi rare à rencontrer qu'un grand artiste.

Cet homme, s'il existe, ne fait presque jamais partie d'un jury quelconque.

Cette réflexion nous est suggérée par le tableau de MILLET, *la Mort et le Bûcheron.*

Quoique le talent de Millet ne nous soit pas complétement sympathique, nous avons cru de notre devoir d'aller voir dans *l'atelier et en l'absence du peintre* le tableau refusé.

Commençons par dire que pour nous le refus est inexplicable, et, ne pouvant croire ni à un parti pris, ni à une persécution personnelle, nous dirons : *il y a erreur*.

L'artiste qui exprime son sentiment avec une formule nouvelle, remarquable, et surtout personnelle, ne relève que du public. Or, en conscience, devant le tableau de *la Mort et le Bûcheron,* il nous est impossible de comprendre cet étrange verdict du jury.

Est-ce, au point de vue de la censure préventive, un préservatif pour les jeunes artistes qui pourraient s'égarer en suivant la même voie que Millet? Nous le croyons, car c'est la seule explication logique que nous fournisse notre intelligence appliquée à la recherche de ce problème ; mais dans ce cas nous sommes convaincu que le jury a cédé à la vaine crainte d'un danger imaginaire, et en y cédant a commis une suprême injustice envers un artiste auquel il faut tenir compte de ses efforts pour exprimer son sentiment avec une formule qui lui est propre. Étrange chose que l'originalité soit si rare, et que, lorsqu'elle apparaît, elle rencontre de si terribles obstacles !

Disons-le bien haut, car nous croyons dire une vérité : l'individualité de Millet est une individualité qui ne peut pas, qui surtout ne *doit* pas faire école ; ou s'il est quelques artistes éblouis par cette individualité, laissez-les suivre Millet et se perdre sur ses traces ; ceux-là n'ont rien en eux et se suicident ; ou ils ont quelque chose en eux et le public les remettra bientôt dans leur vrai chemin.

Eh bien, nous irons plus loin. Nous tenons pour certain que la peinture de Millet est un enseignement pour toute intelligence artistique. Elle en prendra ce qu'il y a de bon.

Un groupe de juges a refusé en masse le tableau de Millet ; pas un de ces juges, pris à part et isolé, n'eût osé prendre sur lui un pareil refus.

Quoi qu'il en soit, quiconque s'intéressera réellement à l'art voudra voir et verra dans l'atelier de l'artiste le tableau proscrit du salon, et l'artiste y gagnera ceci : que ceux qui aiment son talent ressentiront encore une sympathie plus grande pour lui devant une pareille injustice.

Revenons à l'œuvre de Millet, car c'est plus qu'un tableau, c'est une œuvre, et nous avons la conviction que cette œuvre au salon eût non-seulement eu du succès, mais encore eût excité une vive polémique.

Nous avons attaqué les peintres qui ont besoin, pour faire un tableau qu'ils ne trouvent pas dans leur imagination, d'aller prendre un sujet chez les poëtes, à moins cependant que ce sujet, sous leur pinceau comme sous celui de Delacroix, devienne tout simplement un prétexte à peinture, et qu'ils ne prennent de ce sujet que l'idée humaine.

C'est ce qu'a fait Millet dans son tableau de *la Mort et le Bûcheron*.

Millet n'a pas pris le petit côté de la fable de La Fontaine, c'est-à-dire sa face comique ; son bûcheron ne prie pas la Mort de l'aider à recharger son fardeau, non, il sent quelque chose d'inconnu, d'inouï, d'invisible, d'irrésistible qui l'entraîne, et il se cramponne à ce fardeau qui tout à l'heure l'écrasait.

Donc il a vu dans le fait de la Mort accourant à la voix du bûcheron une pensée plus grande, plus sensible, plus philosophique, plus sociale, plus humaine. Il a vu la souffrance du pauvre, continue, sans relâche, sans espoir, souffrance à la naissance, à l'enfance, à l'adolescence, à l'âge mûr, souffrance à la vieillesse, souffrance à la mort; et cependant il aime mieux ses souffrances que la mort !

Le bûcheron de Millet, qui, nous le répétons, ne ressemble en rien à celui de La Fontaine, est non pas le paysan de 1660, mais le prolétaire de 1859. C'est avec de l'art ou plutôt avec un sentiment tout moderne, le profond caractère des Albert Durer et des Holbein.

L'artiste qui a conçu et exécuté ce tableau est à coup sûr un homme bon, sensible, compatissant, religieux, honnête, regardant les souffrances des autres avec les yeux de son cœur, sans envie pour les jouissances du riche, absorbé qu'il est dans la compassion que lui inspirent les misères du pauvre.

Je défie qu'après avoir vu le tableau de Millet, on ne

fasse pas l'aumône au premier malheureux que l'on rencontre.

Millet fait vrai, peut-être trop vrai à notre point de vue, à nous; mais en faisant vrai, il laisse de côté un grand défaut : il est dramatique sans être théâtral.

La Mort est vue de dos : elle porte sa faux sur l'épaule, de la même main dont elle tient le sablier; elle est recouverte d'un grand suaire blanc, une espèce de peau rude et desséchée recouvre ses os et soude les unes aux autres ses noueuses articulations; elle entraîne sa victime sans geste, sans attitude de mélodrame ; elle n'est pas haineuse, elle est simplement inflexible, et elle accomplit sa besogne de tous les instants avec une insouciance marquée. Quant au bûcheron, les jambes pliées sous lui, il courbe la tête et étend les bras pour se retenir à son fagot; son ventre creux est supporté par des jambes maigres, brisées par la fatigue de tous les jours; sa figure est admirable d'expression sans détails mesquins ou vulgaires; sa barbe, qui n'a pas été faite depuis longtemps, est rare comme les feuilles d'un arbre qui manque de séve ; sa bouche est ouverte comme chez les vieillards à courte haleine, épuisés par le travail; ses yeux expriment à la fois l'humilité et la terreur; il est vêtu d'un gilet rouge et d'une culotte bleue, deux tons qui seraient réjouissants sous un autre pinceau que celui du funèbre artiste. Il s'est affaissé sur un tertre, dans un chemin creux et tournant, où nul bien certainement ne viendra lui porter secours, et d'où, dans un ciel rose, on aperçoit le toit de sa pauvre cabane.

L'effet de cette peinture, qui est bien plus d'un harmoniste que d'un coloriste, est large et fixe longtemps le regard qui s'arrête sur elle. Ce regard, peu flatté d'abord, surmonte ce premier sentiment et finit par mettre douloureusement le cœur en contact avec l'étrange tableau. Une fois à ce point de communication magnétique les détails échappent au critique le plus obstiné. Est-ce bien du linge? est-ce bien du drap? est-ce bien de la chair? Oh! pour de la chair, oui, c'est de la chair qui souffre, mais qui veut souffrir encore moins pour elle que pour la chair de sa chair.

Les mains étendues sur le fagot sont admirables de mouvement.

Il y a déjà huit jours à peu près que j'ai vu ce tableau, et pas un jour où il ne se soit représenté à ma mémoire et où je n'y aie pensé avec un sentiment de profonde pitié pour ce peuple de malheureux, dont ce pauvre bûcheron est le représentant, le député, le type. Si j'étais un des membres du jury qui a refusé ce tableau, ce n'est point chaque jour que j'y penserais, c'est à chaque heure. Seulement, au lieu que cette pensée soit ce qu'elle est chez moi, un élan de compassion universelle, cette pensée serait un remords.

Assez sur ce sujet qui, malgré nous et par sa force attractive, nous a tenu plus longtemps que nous ne le voulions.

Vous avez compris, n'est-ce pas, que si nous ne vous avons encore dit qu'un mot de notre bon ami Louis Boulanger, c'est que nous attendions que notre portrait fût

exposé à la réouverture du salon ; comme c'est maintenant un fait accompli, nous avons le double plaisir de
vous parler tout à la fois d'un excellent ami et d'un véritable artiste.

Il est bien difficile à un homme de parler de son
propre portrait, mais j'ai si souvent parlé à mes lecteurs
de moi-même que je n'hésite pas à aborder le sujet.
D'ailleurs, je vais le juger un peu par le jugement des
autres, récusant dans cette affaire mon propre jugement.

Constatons tout de suite sa grande ressemblance, sa
franche allure, son adorable couleur ; le pittoresque du
costume porté quelquefois par moi dans ce pays du pittoresque, la façon libre dont il est exécuté, le modelé
des chairs, le sentiment et le mouvement de la main qui
appartiennent bien à la tête ; on dirait que ce portrait a
été fait au Caucase même, tant il est peint d'entrain,
avec fougue et en même temps avec habileté. C'est moi
tel que je suis, ni flatté, ni enlaidi, ni rajeuni, ni vieilli,
sans exagération de mon type, sans recherche de pose,
sans travail d'arrangement.

Louis Boulanger a au salon sept portraits et neuf tableaux. Eh bien ! pas un de ces portraits, pas un de ces
tableaux qui ne soit différent. Le talent de Boulanger
est multiple et tout d'impression momentanée ; il ne se
ressemble jamais, et ne sent pas la spécialité, ce qui
est souvent un avantage, quelquefois un défaut. Les
organisations impressionnables, c'est-à-dire nerveuses,
ont leurs exaltations ; mais aussi, quand elles ne sont
pas soutenues, leurs défaillances. Boulanger fait quel-

quefois des œuvres admirables, quelquefois aussi des œuvres qu'on ne croirait pas appartenir au même pinceau. C'est qu'il est de ces natures mélancoliques dont parle Shakespeare, de ces cœurs faciles à damner comme dit Hamlet. Nous avouons garder nos plus chères sympathies pour ces organisations artistiques qui, cherchant toujours, se trompent quelquefois, ont leurs heures de doute et leurs moments d'extase, mais aussi d'abattement.

Louis Boulanger appartient à la grande phalange des artistes de 1830, toujours jeunes, toujours lutteurs, toujours sur la brèche, à ces natures inquiètes, fébriles, qui ne s'arrêtent jamais, qui, haletantes, suivent le progrès, le devancent quelquefois, et qui doivent quelques-unes des chutes qu'elles ont faites à ce qu'elles étaient trop en avant de leur époque.

Il faut savoir quelque gré aux hommes qui pendant plus d'un quart de siècle ont porté le drapeau de l'art; leurs blessures sont celles des vétérans faites par les ennemis et les envieux. Ceux-là seuls qui ne vont pas au feu et qui restent prudemment en arrière ne sont pas blessés.

Quelques-unes des œuvres de Louis Boulanger sont restées dans le souvenir de tout le monde; on se rappelle ce magnifique tableau de *Mazeppa* qui fut son début; on se rappelle *le Triomphe de Pétrarque*, *la Procession des États-Généraux*, *les Noces de Gamache*, *les Jardins d'Armide*; on se rappelle surtout *la Ronde du sabbat* et *les Fantômes*, ces deux splendides compositions

inspirées du grand génie de cette époque, de notre roi
des poëtes, de Victor Hugo. Il y a bientôt trente ans de
tout cela et ce fut une véritable révolution dans l'art du
moment. Quel artiste admirable eût été Boulanger s'il
eût été compris et soutenu par un Léon X ou un Jules II !
Quel artiste il serait encore si nous étions dans une époque d'art.

Louis Boulanger est non-seulement un peintre d'un
talent vivant, mais encore un artiste lettré, érudit,
accessible au beau sous quelque forme qu'il se présente
à lui.

Ainsi dans le portrait d'Alexandre, fort ressemblant
du reste, car cet esprit d'une si robuste gaieté appa-
rente a parfois ses moments de rêve, sinon de tristesse,
et l'artiste l'a pris dans un de ces moments-là ; ainsi
dans le portrait d'Alexandre, Louis Boulanger a mis
une tout autre exécution que dans le mien : il a compris non-seulement l'organisation mélancolique, mais
encore le talent sérieux, un peu misanthrope d'Alexandre. Il l'a fait assis dans son cabinet, réfléchi, le regard
perdu, non pas dans l'espace, mais dans sa propre pensée. L'exécution est plus calme, plus cherchée, plus
fine ; le modèle moins en dehors que moi ne se présen-
tait pas aussi franchement à ses yeux.

Voyez le portrait de M. Granier de Cassagnac, il ne
ressemble en rien aux deux premiers. On sent que c'est
celui d'un tout autre homme qui ne ressemble en rien
ni comme talent, ni comme caractère, ni comme existence, aux deux premiers. C'est vigoureux de touche,

sobre et concis presque agressif de couleur ; c'est une traduction plutôt qu'un portrait du critique acerbe, du journaliste violent, de l'athlète enfin prêt à tous les combats.

Son portrait de femme est adorable de vie, de mouvement, de grâce ; c'est un portrait sympathique qui
attire et qui attache.

Puis, cherchez à la hauteur de la barre trois ou quatre charmants petits tableaux, inspirés de Cervantès et
de Shakespeare, qui auraient eu tout droit de faire de
charmants lots pour la loterie, et vous aurez passé la
revue des œuvres de Louis Boulanger, c'est-à-dire d'un
homme qui fut, qui est et qui restera l'un des chefs de
l'école moderne.

De tous les peintres qui exposent au salon des tableaux représentant l'Orient, FROMENTIN est l'artiste
qui nous est le plus sympathique, parce qu'il nous paraît
être le plus sensible, le plus vrai, le plus fin, et par
dessus tout le plus distingué.

En général, on se défie des artistes qui ont besoin
pour impressionner, pour rencontrer le nouveau, pour
traduire le pittoresque, d'aller chercher des sites d'O-
rient et qui reviennent à l'atelier avec des cartons pleins
de croquis dont ils expriment tout le suc absolument
comme s'ils n'avaient rien dans leur propre cœur.

Quant à Fromentin, c'est tout autre chose : il s'est
trompé de patrie et de latitude en venant au monde ;
son pays à lui c'est bien l'Orient, et n'en pouvant pas
faire son pays natal, il en a fait son pays d'amour, son
pays d'adoption. Né en France par erreur, c'est en Orient

qu'il vit. Il y a été maintes fois et il y retourne conti-
nuellement. Aussi Fromentin a-t-il fait sur l'Orient deux
livres, deux chefs-d'œuvre, qui resteront parce qu'ils
sont l'expression de la vérité vue par une âme sensible,
par un observateur fin, par une nature artiste, par un
cœur honnête. C'est sous sa plume comme sous son pinceau une note douce, mélancolique, harmonieuse et
surtout distinguée au plus haut degré.

Avant de parler de la peinture de Fromentin, il est
important de parler de ses livres; quoique les livres
soient venus après les tableaux, ils les ont précédés
dans l'imagination du poëte, poëte avant d'être artiste,
attendu que l'on naît poëte sans travail, tandis qu'il faut
absolument pour devenir peintre une certaine somme
de labeur matériel.

Nous ne connaissions Fromentin ni comme peintre
ni comme écrivain, lorsqu'un jour d'une même voix
Mme Sand et Alexandre me dirent : l'une lisez; l'autre
lis Fromentin.

Je lus : *Un été au Sahara.*

Depuis et tout récemment, je lus : *Une année au Sahel.*

Ce livre est encore sur ma table ; je l'ouvre au hasard,
page 5.

Lisez avec moi et dites-moi où vous irez chercher une
plus charmante page :

« Cette lettre, mon ami, ne partira pas seule, je viens
à ce moment même de t'envoyer un messager. C'est un
oiseau que j'ai recueilli en route et que j'ai ramené jusqu'ici comme un compagnon, le seul à bord dont l'inti-

mité me fût agréable et qui fût discret. Peut-être ou-
bliera-t-il que je l'ai sauvé du naufrage pour se souvenir seulement d'avoir été mon prisonnier. Il est entré
dans ma cabine hier soir à la tombée de la nuit par le
hublot que j'avais ouvert pendant une courte embellie.
Il était à demi mort de fatigue et de lui-même il vint se
réfugier dans ma main, tant il avait peur de cette vaste
mer, sans limite et sans point d'appui. Je l'ai nourri,
comme j'ai pu, de pain qu'il n'aimait guère et de mou-
ches auxquelles toute la nuit j'ai donné la chasse. C'est
un rouge-gorge, de tous les oiseaux peut-être le plus
familier, le plus humble, le plus intéressant par sa faiblesse, son vol court et ses goûts sédentaires. Où donc
allait-il dans cette saison? il retournait en France, il en
revenait peut-être? Sans doute il avait son but comme
j'ai le mien.

» — Connais-tu, lui ai-je dit avant de le rendre à sa destinée, avant de le remettre au vent qui l'emporte, à la
mer à qui je le confie, connais-tu sur une côte où j'aurais pu te voir, un village blanc, dans un pays pâle où
l'absinthe amère croît jusqu'aux bords des champs d'a-
voine? Connais-tu une maison silencieuse et souvent
fermée, une allée de tilleuls où l'on marche peu, des
sentiers sous un bois grêle où les feuilles mortes s'amas-
sent de bonne heure et dont les oiseaux de ton espèce
font leur séjour d'automne et d'hiver? Si tu connais ce
pays, cette maison champêtre qui est la mienne, re-
tournes-y, ne fût-ce que pour un jour, et porte de mes
nouvelles à ceux qui sont restés.

» Je le posai sur ma fenêtre, il hésita. Je l'aidai de la main, alors il ouvrit brusquement ses ailes ; le vent du soir qui soufflait de la terre le décida sans doute à partir et je le vis s'élancer en droite ligne vers le Nord.

» Adieu, mon ami, adieu pour ce soir du moins. Je commence une absence dont je ne veux pas encore déterminer la durée; mais sois tranquille : je ne viens pas au pays des Lotophages pour manger le fruit qui fait oublier la patrie. »

Connaissez-vous quelque chose de plus doux, de plus suave, de plus charmant que ces quelques lignes ?

Eh bien ! dans ces deux livres tout est à la hauteur de cette citation. C'est une série de paysages faisant des tableaux adorables, d'une allure toute biblique, qui peignent l'Orient, le climat, les mœurs, les croyances avec une vérité et une simplicité qui leur donnent une prodigieuse couleur locale. On voyage avec l'auteur et plus encore peut-être par les livres que par les tableaux; on se prend à adorer le pays du soleil éternel.

Fromentin expose cette année cinq tableaux : *Souvenir de l'Algérie, Une Rue à El-Aghouat, Lisière d'oasis pendant le sirocco, Audience chez un Califat,* et *Bateleurs nègres dans les tribus.*

Le premier de ces tableaux est tout simplement un des chefs-d'œuvre du salon ; des cavaliers arabes se dirigent au plein galop vers un aqueduc romain. Ce tableau est d'une coloration distinguée qui renferme tous les parfums et toute la lumière méridionale de l'Algérie. C'est le pays des légendes antiques vu avec des yeux de

poëte et un regard fin, intelligent et observateur. C'est
enfin de l'art dans une expression splendide.

Une rue à El-Aghoual est une œuvre d'une telle vérité,
— il suffit de jeter un coup d'œil sur le tableau pour
s'en convaincre, — que l'on dirait d'une grande photographie coloriée, ce qui serait un reproche à faire à
l'artiste, si l'artiste n'y avait pas mis toute son âme honnête et naïve. Il règne dans cette rue un calme, un
soleil, une chaleur, une pesanteur d'atmosphère telle que
l'on est tenté de faire comme ces Arabes qui dorment à
l'ombre des murs. Il est impossible d'être à la fois plus
vrai et plus poëte que Fromentin ne l'est dans ce tableau. C'est du soleil, sans cette opposition noire, dure,
vigoureuse, qu'un peintre moins naïf que Fromentin
n'eût pas manqué d'employer, croyant faire valoir son
soleil. C'est l'ombre vraie de ce soleil écrasant qui
baigne, je me trompe, qui inonde cette rue.

La Lisière d'une oasis pendant le sirocco est une œuvre
du plus puissant dramatique et saisissante d'effet. Là
encore on sent la vérité et la distinction de l'artiste. On
est effrayé pour ces êtres qui cherchent à fuir ces trombes
de sable, et l'on sent qu'ils seront enlevés et suffoqués
comme des atomes par ces trombes gigantesques qui sou-
lèvent le désert et qui l'emportent avec elles.

On nous permettra de citer quelques lignes où nous
avons essayé de peindre avec la plume ce que Fromentin a si bien décrit avec le pinceau :

« Notre course était dévergondée, car le sable s'éle-
vait comme un mur entre l'horizon et nous. A chaque

instant nos Arabes, dont les yeux ne pouvaient percer
ce voile de flamme, hésitaient et faisaient des crochets
qui dénotaient leur irrésolution. Cependant la tempête
augmentait toujours : le désert devenait de plus en plus
houleux ; nous entrions dans des sillons de sable agités
comme des vagues, et nous traversions, ainsi qu'un habile nageur fend une lame, la crête brûlante de ces
monticules. Malgré la précaution que nous avions prise
de couvrir nos bouches de nos manteaux, nous respi-
rions autant de sable que d'air : notre langue s'attachait
à notre palais, nos yeux devenaient hagards et sanglants,
et notre respiration, bruyante comme un râle, révélait,
à défaut de paroles, nos mutuelles souffrances. Je me
suis trouvé quelquefois en face du danger, mais je n'ai
jamais éprouvé une impression pareille à celle que je
ressentais : ce doit être à peu près celle d'un naufragé
sur une planche, au milieu d'une mer orageuse. Nous
allions comme des insensés, sans savoir où, toujours plus
rapidement et plus obscurément, car le nuage de poudre
qui nous enveloppait devenait de plus en plus intense et
brûlant. Enfin, Toualeb fit entendre un cri perçant :
c'était un ordre de halte. . . . .

. . . .

» Le désert était imposant et mélancolique ; il sem-
blait vivre et palpiter, et fumer jusque dans ses entrailles... c'était le sable enflammé, c'étaient les secousses
du rude dromadaire, la soif dévorante, inhumaine, insensée, la soif qui fait bouillir le sang, fascine les yeux,
et montre au malheureux qu'elle brûle des lacs, des

îles, des arbres, des fontaines, de l'ombre et de l'eau.

. . . . , ...

» ... De temps en temps nos dromadaires s'abattaient, creusaient le sable ardent avec leur tête pour trouver au-dessous de sa surface un semblant de fraîcheur ; puis ils se relevaient fiévreux et haletants comme nous, et reprenaient leur course fantastique. Je ne sais combien de fois ces chutes se renouvelèrent, je ne sais comment nous fûmes assez heureux pour ne pas être écrasés sous le poids de nos haghins ou ensevelis sous le sable. Ce dont je me souviens, c'est qu'à peine tombés, Toualeb, Bechara et Amballah étaient près de nous, rapides et secourables, mais muets comme des spectres, relevant hommes et chameaux, puis se remettant en chemin, silencieux et enveloppés de leurs manteaux. Une heure encore de cette tempête, j'en suis bien convaincu, et elle nous ensevelissait tous... »

L'audience chez un califat dans le Sahara est peut être moins distinguée de coloration, mais d'une invention, d'une composition, d'un arrangement adorables. C'est encore un tableau plein de vérité et par conséquent plein d'intérêt.

Les bateleurs nègres dans les tribus est, selon nous, le tableau inférieur de Fromentin ; la dimension des figures demanderait, à ce que je crois du moins, une exécution plus savante. Mais là encore comme dans les autres tableaux de Fromentin, comme dans ses livres, on pénètre avec lui en Orient, on voit, l'on connaît les mœurs de ses habitants, on vit de leur vie,

Résumons-nous.

Fromentin est un poëte et un artiste dans toute la force du terme. Son talent se produit franc, naturel, sans charlatanisme aucun. Il raconte ce qu'il a vu ; il dit ses impressions, et par sa nature douce, intelligente, sympathique, distinguée, il nous initie à l'Orient et nous le fait aimer de son amour.

Il est un autre artiste dont l'organisation robuste et le talent vigoureux nous avaient toujours été sympathiques. Nous voulons parler de BONVNI ; mais nous sommes forcé d'avouer que son exposition de cette année n'est pas heureuse. Il tourne au noir et au lourd .Quoi qu'il en soit et malgré cet avis que notre impartialité nous force de lui donner, nous avons foi dans son avenir ; seulement il est dans une de ces heures de doute, de découragement, de défaillance qu'éprouvent parfois et seulement les plus grands artistes, et nous avons la conviction qu'il apparaîtra au prochain salon avec une œuvre digne de lui.

Bonvin est un artiste de talent, Bonvin est un peintre.

VIII

ADOLPHE LELEU — ARMAND LELEU — CABANEL — BRION — BARON — DE DREUX — BENOUVILLE — GIRAUD — PALIZZI — CHARLES GIRAUD — BARRIAS — PAUL HUET — DAUZATS — MASSON

Il y a deux frères, ou deux parents, ou deux peintres du même nom ; l'un se nomme M. Adolphe Leleu, l'autre M. Armand Leleu ; l'un fait des Bretons et des Bretonnes, l'autre fait des Suisses et des Suissesses, surtout des Suissesses.

M. ADOLPHE LELEU fait de belles ébauches, car rarement ses toiles sont assez achevées pour prendre le nom de tableaux ; il nous paraît surtout préoccupé (nous n'avons pas le plaisir de le connaître) par la recherche de l'harmonie, la transparence des tons, la justesse du mouvement, la vérité de l'aspect ; il cherche jusqu'à ce qu'il ait trouvé tout cela, et il met tant d'ardeur à sa recherche, qu'il néglige les qualités inférieures selon moi, c'est-à-dire l'exécution du détail. C'est fâcheux qu'il mérite ce reproche. Ces qualités qu'il paraît dédaigner compléteraient son talent, et la preuve en est , le panneau qu'il a, cette année, où cette négligence n'existe presque pas, ce panneau représente des paysans qui mangent la soupe avec appétit.

Les paysans de M. Adolphe Leleu ont un grand mérite : ils sont du peuple sans avoir l'air canaille.

Quant à M. ARMAND LELEU, il a toutes les qualités qui manquent à son frère, à son parent ou à son homonyme. Nous avons déjà dit que nous ignorions quel degré de parenté les unissait. Il pousse même ses qualités trop loin ; il devient dur à force de serrer l'exécution. Malgré son abus du blanc et du noir, malgré son ignorance de la demi-teinte, il progresse constamment, et l'on sent dans son œuvre le robuste travailleur.

La Leçon de couture est une jolie chose bien intime, bien familière : la plus grande des petites filles, celle qui louche un peu, est bien convaincue de sa supériorité, et toute prête à en abuser, si l'élève commettait cette imprudence de n'être pas docile.

M. CABANEL a exposé, cette année, un charmant petit tableau ; je crois qu'il est porté au livret sous le titre de : *La Veuve du maître de Chapelle.* C'est plein de sentiment, habilement peint, très-distingué. Le morceau que joue la jeune fille doit être très-beau. C'est du Porpora ou du Sébastien Bach à coup sûr. On voudrait l'entendre pour pleurer avec elle. La veuve est moins réussie. Il y a à terre un enfant vêtu de gris, d'un ton harmonieux et d'un joli mouvement.

M. BRION, outre un talent fin et consciencieux, possède de grandes hardiesses de ton; ces gens font bien ce qu'ils font, et quel que soit le sujet qu'il traite, il touche juste la toile et le spectateur. Son *Enterrement* est d'une mélancolie profonde, et ses Bretons prient avec la conviction de cœurs véritablement religieux; en somme, ce tableau est remarquable par sa distinction, sa fermeté de touche et de belles harmonies de tons d'une incroyable audace.

BARON, tout le monde connaît ce charmant peintre; c'est l'homme de l'esprit, de la couleur, du sentiment et de l'adresse; il a une exécution étourdissante et compose sans la moindre peine. Avec tout cela, inventant sans cesse des détails invraisemblables et charmants, c'est l'idéal de la fantaisie et de la grâce.

Peut-être a-t-il un peu abusé des glacis dans son *Cabaret vénitien*, peut-être les feuillages sont-ils un peu lourds, mais les femmes sont charmantes et d'un mouvement délicieux.

M. DE DREUX, je ne sais pas pourquoi nous mettons M. de Dreux, attendu que de Dreux est, je ne dis pas assez populaire, mais je dis assez connu pour que nous disions DE DREUX tout court. De Dreux a, dans le salon carré, deux tableaux qui ne sont

peut-être pas de ses meilleurs, mais dont les chiens
sont charmants. C'est un des hommes qui font le mieux,
je ne dirai pas seulement les hommes et les femmes du
monde, mais les chevaux et les chiens du monde ; ses
figures, qu'elles soient de bêtes ou de gens, ont une élé-
gance uniforme et aristocratique qui indique pour tout
ce qui pose devant de Dreux une généalogie parfaitement en règle des quartiers sans reproche. Il est vrai que
je doute que de Dreux puisse portraiter ni un artiste, ni
un ouvrier, ni un savant, ni quoi que ce soit qui ait un
caractère particulier ; il ne fera jamais rien de vulgaire,
mais il ne fera jamais rien non plus d'élevé. Il a pris une
habitude, il a travaillé pour un monde. Les chiens et les
gens de ce monde-là doivent être enchantés d'avoir leur
portrait peint par de Dreux. Si j'ai tort, rien de plus facile
que de me le prouver ; j'aime assez de Dreux pour lui
demander cette preuve, et je crois qu'il m'aime assez pour
me la donner. Qu'il choisisse entre tous ses amis une tête
bien pensive, bien pleine d'idées, une de ces physionomies où l'âme rayonne, ou la supériorité se reflète, qu'il
mette le portrait de cet ami au prochain Salon, avec son
chien par-dessus le marché, et qu'il nous donne ainsi
une occasion de revenir sur une opinion qui n'est émise
avec tant de franchise, que parce qu'elle s'adresse à un
homme de beaucoup de talent.

M. BENOUVILLE, cette fois encore, nous avons tort
d'écrire M. Benouville, la mort a effacé tout titre précé-
dant ce nom si jeune et cependant déjà si connu. Au
reste, ce qui rend Benouville si intéressant, c'est juste-

ment cette mort qui le frappe au commencement de sa carrière. Il est profondément triste de voir inachevé le portrait de sa femme et de ses enfants. La tête de la femme est belle de sentiment.

Nous n'avons rien à dire de la tête de l'enfant.

Quant à sa *Jeanne d'Arc*, elle manque à notre avis complétement d'études historiques et d'élévation intellectuelle; elle a l'air d'être peinte sur porcelaine; c'est dur, et si l'auteur n'était pas mort nous dirions franchement : c'est mauvais. — Son *saint François d'Assise* est convenablement composé, seulement l'air manque entre le premier plan et les autres; à notre avis, le plus grand défaut de cette peinture est de n'être ni bonne, ni mauvaise.

GIRAUD, remarquez que cette fois nous touchons à un de nos meilleurs amis, Giraud est en progrès cette année sur l'exposition dernière. En fait de qualités acquises, Giraud sait énormément. Comme don naturel, il a reçu la lumière, l'esprit, la facilité d'exécution; mais justement cette grande habileté de main qu'il possède lui ôte un peu de la conscience et du sentiment de l'homme qui cherche et surtout de l'homme qui doute. Giraud sait si bien, Giraud voit si bien, qu'il lui est impossible de douter lorsqu'il commence. Il ne doute que lorsqu'il a fini. Alors, il va trop loin, il méprise. Nous lui avons vu jeter dans des coins de son atelier des choses charmantes que nous eussions bien voulu avoir dans un coin de notre salon. Il a cette année à l'exposition *les Femmes d'Alger, la Bouquetière* et un *portrait d'abbé.*

Les Femmes d'Alger, habillées de gazes et de clinquants, sont sur le seuil d'une porte. Pour qui n'a pas vu Alger, le sujet est peut-être traité d'une façon effarouchante. On s'étonne que sans la permission de la police un certain nombre de locataires femelles se permettent de pareils groupes à l'extérieur d'une maison. Tout ce que nous pouvons dire, c'est que c'était ainsi de notre temps, et que je pourrais mettre les noms au-dessous de ces faciles beautés.

La Bouquetière est naïve et distinguée ; elle ferait un chrmant dessus de porte.

Quant au *portrait d'abbé*, nous l'avons cherché inutilement, et nous n'avons plus l'espérance de le voir, écrivant ces lignes la jambe étendue et enflée probablement jusqu'à la fin de l'exposition.

Mais, ce que Giraud fait d'une façon très-distinguée, c'est le pastel. Là, il est supérieur à ses tableaux à l'huile, et l'explication de cette supériorité est bien simple. Giraud n'est pas coloriste, or, pour peindre à l'huile, il faut faire sa palette, ce qui est à la fois une affaire de science et d'instinct. Le pastel, au contraire, donne des tons tout préparés ; on les modifie en les superposant et en les juxtaposant ; on n'est pas maître de sa boîte comme on l'est de sa palette.

Les tons se font de sentiment, sans que l'on sache bien positivement comment ils se font. Demandez à presque tous les peintres : « Par quel mélange de couleurs êtes-vous arrivé à ce ton ? » Dix-neuf sur vingt vous répondront : « Je ne sais pas. » Le vingtième, si c'est Dela-

croix, vous dira comment il procède, car lui se rend
compte de tout. Mais en procédant exactement de la
même manière que Delacroix, vous n'arriverez pas à
produire le ton qu'il a produit. La quantité de couleur
qu'on prend au bout du pinceau ne s'indique pas. Deux
peintres ne mêlent pas leurs couleurs de la même manière. Tel mélange qui, sous la main d'un coloriste,
donne un ton lumineux et charmant, devient lourd et
boueux quand c'est un maladroit qui l'opère, ou qu'en
n'ayant pas réussi du premier coup, *on revient,* comme
on dit en style d'atelier.

Le spirituel et charmant auteur de *la Permission de
dix heures,* qui fait, comme personne ne saurait les faire,
les croquis et les charges, est tout étonné lorsqu'il at-
taque une grande toile et qu'il lui faut emboîter plusieurs
figures dans des mouvements possibles, de trouver alors
une certaine rébellion dans l'œuvre même contre son
auteur; telle partie vient, telle autre ne vient pas; de là,
un sentiment pénible qui frise le découragement et qui
porte le peintre, quelque talent qu'il ait et surtout parce
qu'il a du talent, à de terribles envies de prendre un
couteau et de crever sa toile.

Giraud a beaucoup dessiné étant jeune; sachant très-
bien dessiner, il a jugé dès lors le modèle inutile et s'est
mis à dessiner de mémoire. Il en résulte qu'à l'heure
qu'il est, il a à peu près oublié qu'il y a deux choses
nécessaires chez un grand peintre: copier naïvement le
modèle et l'idéaliser en même temps. Ceci nous ramène
tout naturellement à la supériorité des pastels de Giraud

sur sa peinture. Les pastels de Giraud sont toujours des portraits.

Giraud, qui est assez savant pour ne pas prendre de modèle quand il fait un tableau, ou quand il en prend un, pour ne jamais le trouver tel qu'il le voudrait et par conséquent pour s'en dégoûter vite, Giraud est obligé pour faire des portraits de prendre des modèles. Là, bon gré mal gré, il lui faut travailler d'après nature et par conséquent avec conscience; alors, comme Giraud est véritablement artiste, il se reprend d'amour pour ces contours vrais, pour cette chair palpable qu'il a sous les yeux et à laquelle, dans ses tableaux, il substitue des contours de son imagination, des chairs de sa fantaisie. L'adorable menteur est alors forcé de dire la vérité, et la vérité a tant de charmes dans sa bouche qu'on la préfère même à ses mensonges.

Ajoutons que Giraud a une grande qualité, il fait ressemblant.

Son portrait de la princesse Clotilde se présente à l'appui de ce que nous venons de dire. C'est un charmant pastel bien modelé, ferme et lumineux. Il a su tirer un grand parti de cette tête aristocratique et sérieuse à la fois. Je me rappelle un portrait de la princesse Mathilde vue de profil avec la couronne en tête et portant une coiffure qui rappelait celle d'Anne de Bretagne; le modèle était incontestablement un des plus beaux que l'on pût trouver, mais quel chef-d'œuvre que ce pastel! et remarquez bien que la ressemblance, comme nous l'entendons nous autres, n'était pas facile. La princesse Mathilde est non-seulement belle, mais d'une beauté fière et intelligente; c'est une princesse, mais c'est en même temps une artiste. Trois aquarelles vernies qu'elle a exposées au Salon en font foi. Eh bien, ce portrait était ressemblant à la fois pour les gens du monde et pour les artistes, pour ceux qui cherchent purement et simplement la ligne, le contour, la forme, mais encore pour ceux qui veulent les voir éclairer par cette lampe intérieure que l'on appelle l'âme.

PALIZZI a fait un grand tableau ; comment appellerons-nous cela? des paysans et des bêtes, le tout étendu sur vingt pieds de toile. Il faut beaucoup de talent pour intéresser sur une si grande surface, et la traite des veaux et des moutons n'a pas pour elle ce petit charlatanisme philanthropique qu'a la traite des nègres ou même celle des blancs. L'impression que l'on éprouve en arrivant devant cette immense toile est que c'est gai, clair, fait largement et surtout simplement peint, ce qui est encore plus difficile, peut-être. Le tableau de Palizzi, robuste et naïf, repose de certaines peintures fiévreuses, et devant cette œuvre saine, pleine d'air et d'espace, on respire à pleine poitrine.

CHARLES GIRAUD, dont j'aurais peut-être dû parler immédiatement après son frère, est, tout au contraire de son aîné, l'homme aux coups de crayon rapides, est, disons-nous, le peintre patient et laborieux par excellence. Il a, de ses différents voyages, soit dans l'Océanie, avec Guemard, soit au pôle nord, avec le prince Napoléon, rapporté de nombreux et excellents croquis. Lui n'a ni la science

enragée, ni la verve railleuse de son frère. Il fait avec
une rare habileté de reproduction les intérieurs les plus
difficiles. Il a, cette année, au salon la galerie de M. de
Nieuwerkerke; c'est bien fait, mieux que cela, c'est largement fait, et il est agréable d'avoir ainsi le portrait de
sa maison.

Le salon de la princesse est aussi parfaitement réussi,
et c'était chose difficile.

BARRIAS. Barrias cherche sa route pour n'être plus un
prix de Rome. Ce malheureux prix de Rome le préoccupe, l'étouffe, l'écrase; c'est cependant un incontestable talent, mais lourd et un peu vulgaire; au reste,
nous ne parlons de lui cette année, que pour ne pas
passer sous silence un homme de mérite. Son tableau
est une corvée admirablement réussie. Il a tiré tout le
parti possible des tambours, des pompons et des baïonnettes qui sautent aux yeux et à la gorge des spectateurs. Il est resté harmonieux avec tous ces tons criards,
et c'est beaucoup dire.

COROT est un poëte à la manière d'André Chénier et
de Théocrite, seulement il écrit avec un pinceau au
lieu d'écrire avec une plume; c'est toujours au reste
la même idylle qu'il refait, mais c'est une idylle pleine
de sentiment. Maintenant comme peinture, c'est maladroit, c'est malpropre, c'est saupoudré de farine, mais
malgré tout cela, l'artiste y met tellement tout son
cœur, toute son âme, toute son espérance, que cela fait
plaisir à voir. Du plus loin que l'on aperçoit un Corot
on le reconnaît, et l'on y court pour le voir de plus

près ; alors il vous charme et vous fâche tout à la fois ; vous vous emportez contre cette fausse naïveté, vous admirez ce qui est presque du style, vous vous demandez pourquoi on peint avec de la poussière délayée, quand il y a tant de couleurs aux tons vifs et éclatants, et quelle nécessité pour boire du vin bleu de le verser dans un verre de Bohême.

Ce que Corot, cet artiste étrange que l'on aime de tout son cœur, mais à qui on meurt d'envie d'appliquer le proverbe qui aime bien châtie bien, ce que Corot a de mieux cette année au salon, est ce qu'il appelle paysages avec figures — une jeune fille couronne sa compagne de fleurs.

PAUL HUET se présente à l'Exposition de 1859 avec huit grands panneaux destinés à la décoration d'un salon. Ces peintures sont comme toujours d'un sentiment poétique très-élevé et d'une jolie couleur ; peut-être sont-ils un peu *brossés* comme on dit en termes d'atelier, mais ce genre d'exécution est très-convenable à leur destination.

Ne pas oublier que ces tableaux, destinés à être placés dans un endroit obscur et mal éclairé par le jour extérieur, doivent porter leur lumière en eux-mêmes ; en outre, sous le n° 1552, il a une chambre de malade bien silencieuse et d'un joli effet.

Enfin, sous le n° 1561, la grotte de Santa-Croce, à qui on pourrait reprocher d'être un peu imitation de Decamps, fort réussie au reste, avec des tons heureux, des grattages bien glacés, ficelles naïves, naïvement employées.

Arrêtons-nous un instant sur ce maître, car Paul Huet est un maître chez lequel ont pris ce qu'ils ont de meilleur, bon nombre d'élèves, aujourd'hui maîtres à leur tour.

Paul Huet est un maître datant de cette époque dont datent Delacroix, Bonington, Boulanger, Decamps. Impressionné dès son enfance par des gravures de Rembrandt, et surtout par un grand paysage que nous avons vu, il y a bien longtemps, dans son atelier, et qui avait pour légende ces trois mots latins : *Tacet sed loquitur* ; il comprit, à cet âge où l'on ne comprend encore rien, que *le paysage* n'est pas la reproduction pure et simple du *pays* ; que faire le portrait d'un pays n'est pas faire un paysage, qu'il y a un pas immense de l'esquisse prise sur nature au tableau exécuté dans l'atelier.

Il en était là de ses rêveries presque enfantines, lorsque les paysages de Ruysdael tombèrent sous ses yeux. Vers le même temps, on acheta au musée les magnifiques peintures de Huysmans, de Malines ; Huet comprit que c'était là ce qu'il cherchait instinctivement. Il se jeta sur cette nouvelle révélation de l'art, et, plus que jamais, s'éloigna du paysage et surtout des paysagistes français, dont les maîtres, à cette époque, étaient Watelet et Bertin.

Paul Huet, élève jusque-là de Guérin, de Gros, de Watelet même, ne sachant encore s'il ferait de l'histoire ou du genre, comprit qu'il y avait un côté de l'art tout nouveau à explorer en faisant *moderne* dans le sentiment des vieux maîtres hollandais. Je me rappelle l'effet que produisirent les premiers tableaux d'Huet aux expositions libres de la rue Vivienne, pour les grecs, etc.

Les trois premiers dont je me souvienne et que je vois encore, représentaient : le premier, un cavalier avec un manteau rouge passant dans une demi-teinte sur un pont sombre jeté sur une eau moirée de noir; le second, une chaumière normande à toit de chaume immense, ombragé par des marronniers admirablement touffus, et, enfin, le troisième, une vue de Picardie.

Cette peinture déjà très-belle devait être portée en avant encore à l'aide d'une secousse à elle donnée par une influence étrangère ; il y avait alors en Angleterre, avec Lawrance, Reynolds et Turner, un paysagiste d'un immense génie, nommé Constable ; il exposa en France deux tableaux. Ces tableaux étaient fort simples : l'un représentait un canal en Angleterre, l'autre un moulin appartenant à Constable lui-même.

C'était de la peinture grasse, généreuse et forte, c'était toute la science de glacis, des empâtements et des demitons : c'étaient toutes les qualités des maîtres vénitiens, avec l'ardeur et la vigueur de Rembrandt.

Cette peinture devait apprendre à notre jeune école à tout oser en fait d'exécution, et, depuis cinquante ans, on n'osait rien : Géricault excepté, nul ne savait plus mettre de couleurs sur la toile, aussi Géricault revenu d'Angleterre, plein d'enthousiasme pour Constable, avait-il été le premier à faire connaître le nom de ce grand maître à la jeune école. Delacroix lui-même, qui, à cette époque, pouvait douter peut-être un peu de son

futur génie, Delacroix, après avoir vu les belles peintures du maître anglais, reprit avec une verve nouvelle
son pinceau fatigué, et composa sa splendide toile du
Massacre de Scio.

Eh bien ! de cette époque a daté pour Huet toute une
série d'œuvres qui attiraient les yeux des artistes, sans
attirer les commandes du gouvernement. Par malheur,
les gouvernements qui se succèdent en France, tout en
différant sur beaucoup de points, se ressemblent sur un
seul : la haine pour tout ce qui, dans un art quelconque,
fait du nouveau.

Huet ne fut pas encouragé, mais il n'en persista pas
moins dans son labeur solitaire et convaincu. Nous
avons vu à l'Exposition universelle des paysages qui
pouvaient lutter avec tout ce qui se fait de beau ou de
vanté ; nous nous rappelons surtout une vue de forêt
encore aujourd'hui dans l'atelier de l'artiste, et qui est
une des plus belles choses de la peinture moderne.

DAUZATS, encore un de nos plus anciens amis; celui-
là faisait des croquis des pyramides de Memphis et des
ruines de Damiette pendant que nous faisions jouer
Henri III. Dauzats est le plus habile faiseur de croquis que
je connaisse; rien de plus charmant, rien de plus adorable, rien de mieux réussi qu'un croquis sur nature
de Dauzats; il a été le collaborateur du baron Taylor,
dans toutes les admirables publications, soit orien-
tales, soit occidentales, dont il a enrichi la France;
mais cette habitude de faire le croquis exact et de le
transporter exactement, soit sur bois, soit sur pierre,

a nui au côté poétique du talent du paysagiste. La nature fait un site, les hommes y groupent des maisons, voilà un pays ; mais au point de vue de l'art, un pays n'est point un paysage ; il faut que vienne l'artiste, qu'il cherche intelligemment la place où il doit s'asseoir, qu'il choisisse l'heure de la journée où son paysage sera éclairé par le mélange le plus avantageux de lumières et de demi-teintes ; il faut enfin que dans son ciel, dans son atmosphère, sur son terrain, entre ses maisons, autour de ses arbres, il jette ce je ne sais quoi qui est l'art. Eh bien ! s'il y avait un reproche à faire à Dauzats lorsqu'il quitte le crayon pour le pinceau, c'est de continuer à faire trop exact.

Dans les portraits des grands maîtres : Titien, Léonard de Vinci, Raphaël, Rubens, Van Dyck, Rembrandt, sans doute la ressemblance existait, mais aujourd'hui peintres et modèles sont morts. Aujourd'hui que ces portraits sont passés des maisons de leurs propriétaires dans les galeries publiques, qu'ils n'appartiennent plus à des familles, mais à des nations, qu'importe la ressemblance ? c'est la forme, c'est la couleur, c'est le pittoresque, c'est l'art enfin qui font de ces *portraits* des *tableaux*. Eh bien ! même chose à notre avis doit exister pour le paysage : il est bon que le paysage soit exact ; il est bon que les gens qui ont vu le pays puissent dire : « Je reconnnais cette tour, cette maison, cet arbre, ce sentier ; » mais ce qu'il y a de meilleur encore, c'est que ceux qui ne l'ont pas vu, n'étant point attirés par la curiosité, puissent être attirés par l'effet, et s'appro-

chent du tableau en disant : « Voilà une belle peinture. »
Eh bien ! le reproche que nous ferons à la peinture de
Dauzats, c'est d'être d'excellente peinture au point de
vue de la ressemblance, mais de laisser à désirer au
point de vue de cet ensemble harmonieux qui attire
forcément le regard sur une vue de Canaletti ou sur un
paysage de Salvator Rosa, de Ruysdael ou de Constable.
Pour nous qui avons vu Tolède, nous reconnaissons qu'il
est impossible de faire Tolède plus ressemblante, mais
nous disons : — Peut-être y avait-il plus d'effet à tirer
d'une vue de Tolède.

Nous préférons le petit tableau intitulé : *la Cour de la
maison Coussifa, au Caire* ; c'est d'aspect agréable, d'une
couleur distinguée, d'une incontestable adresse. Nous
faisons à Dauzats ce petit reproche que l'on vient de lire,
parce que nous avons vu de lui, dans différentes occa-
sions, d'adorables peintures ; il est vrai qu'elles n'étaient
destinées ni à l'exposition, ni à la vente : c'étaient des
dons à des loteries ou des cadeaux à des amis. Comme
tous les artistes, Dauzats a dans la gamme de son talent
une note plus élevée qu'il garde dans son cœur, une
espèce d'*ut* de poitrine à la Duprez ou d'*ut dièse* à la Tam-
berlick, qu'il ne fait entendre qu'au profit de l'aumône
ou de l'amitié. Soyez l'ami de Dauzats et demandez-lui
un tableau à l'huile ou une aquarelle, et, huit jours
après, vous recevrez tout simplement un chef-d'œuvre.

Il y a dans l'atelier de Louis Boulanger une esquisse
de Dauzats représentant, je crois, une rue de Séville ;
qu'on la mette en vente publique comme une esquisse

de Canaletti, et nul ne viendra dire : C'est plus faible que le grand maître.

MASSON (Bénédict) a deux tableaux à l'exposition : l'un est *la Bataille de Trasimène*, l'autre est *le Dernier soupir du Christ*.

C'étaient deux grandes œuvres, et surtout deux œuvres difficiles à exécuter. Nous avons déjà dit ce que nous pensions des batailles ; cependant nous reconnaissons qu'il est plus facile de faire de l'art avec une bataille du temps d'Annibal ou de César qu'avec une bataille du temps de Louis XIV ou de Napoléon. Vous n'avez pas, dans l'antiquité, ces flots de fumée qui cachent tout ; vous n'avez pas ces effroyables blessures béantes du boulet, qui vous dispersent les membres et les entrailles ; vous n'avez pas ces monstrueuses déchirures de l'obus, qui éventrent les chevaux et écartèlent les hommes ; vous avez la lutte franche : la lance contre le javelot, l'épée contre le glaive.

La bataille de Trasimène fut sous ce rapport une des plus acharnées de l'antiquité. « Les hommes, dit Tite-Live, se battirent avec une telle rage, qu'un tremblement de terre ayant eu lieu pendant le combat, personne ne s'en aperçut. »

La bataille de M. Masson est bien composée, mais elle est d'une couleur un peu lourde, et trop uniforme au point de vue historique. Je n'y reconnais pas assez les vainqueurs des vaincus ; je n'y vois pas ces Numides venus de Cyrta avec Annibal, ni ces Gaulois entraînés à sa suite des bords du Rhône. Comment Masson, qui est

un amateur du nu, n'a-t-il pas profité de cette circon-
stance rapportée par tous les historiens, que nos ancêtres, ces hommes qui ne craignaient qu'une chose—
c'est-à-dire que le ciel tombât sur leurs têtes — que nos
ancêtres, au moment du combat, se dépouillaient de
toutes leurs armes défensives et se jetaient dans la mêlée,
leurs cheveux blonds au vent, leurs poitrines blanches
à découvert? Mêlez à tout cela ces Africains avec leurs
burnous blancs, les mêmes qu'ils portent encore aujour-
d'hui, leurs visages basanés, leurs chevaux sans selle,
tenus par un simple mors ; voyez hommes et chevaux
bondir au milieu des rangs romains, voyez les uns les
autres mordre à pleines dents, comme les lions de leurs
déserts, et il me semble que vous pourrez tirer de ces
trois peuples réunis, de ces trois façons de combattre,
un effet plus pittoresque que celui qu'en a tiré l'habile
improvisateur dont nous avons vu tant de dessins faits
nous ne dirons pas à la minute, mais à la seconde.

Le Dernier soupir du Christ est peut-être supérieur, à
notre avis, à *la Bataille de Trasimène* ; mais nous avouons
franchement que nous ne reconnaissons de peinture
vraiment chrétienne que jusqu'à la seconde manière de
Raphaël. Il y a, comme maître de cette expression religieuse, un homme à peu près inconnu en France, mais
fort connu par toute l'Italie, à Florence surtout, c'est
Beato Angelico. Quiconque a l'audace d'attaquer cette
tête, si impossible à rendre, de la Vierge, parce qu'elle
doit exprimer toutes les douleurs humaines et en même
temps toutes les espérances divines, doit étudier les

trente ou quarante têtes de Vierge qu'a faites le moine de
Saint-Marc; sinon, plus le peintre aura étudié l'anti-
quité, plus il risquera de faire une Niobé au lieu d'une
Mater Dolorosa.

Une petite critique de détail. Bénédict Masson est-il
bien sûr que sa Vierge n'a pas deux ou trois têtes de
trop? Nous nous rappelons un magnifique dessin de
Bénédict Masson, il représentait *l'Incendie de Rome*; nous
croyons qu'il est devenu la propriété de M. Fournier,
directeur du théâtre de la Porte-Saint-Martin. Quand
M. Fournier s'en dégoûtera et le mettra en vente, nous
invitons les amateurs à l'acheter.

IX

GODEFROY JADIN — HEFFEH — ROUSSIN — LUMINAIS —
ALLEMAND — ACHILLE ZO — AUGUSTE TOULEMOUCHE
— BAUDIT — PHILIPPE ROUSSEAU — CÉLESTIN NANTEUIL
— CHARLES MARCHAL — Mme HENRIETTE BERTAUT —
CHARLES-LOUIS MULLER — BRENDEL — BLEIN — JEAN
GIGOUX

Lorsque je nomme GODEFROY JADIN, vous vous
rappelez, chers lecteurs, mon spirituel compagnon de
voyage en Italie, celui qui, en traversant Monaco, ne
pouvait comprendre qu'il tombât une si grande pluie
dans une si petite principauté; mais vous ne connaissez
pas mon autre compagnon de voyage, notre inséparable
milord qui, outre son nom de baptême reçu de l'autre
côté de la Manche, y avait joint en France le nom tout
national de Pascommode. Eh bien! milord Pascommode
jouit aujourd'hui, grâce à son maître, des honneurs du

Salon, ce qui doit énormément réjouir ses cendres, comme on dit à l'Académie.

Maintenant avez-vous peur des puces? avez-vous peur de ce qui sent mauvais? avez-vous peur de ce qui mord? Ne l'approchez pas, ou plutôt ne vous approchez pas de lui, d'autant plus que, vous le voyez, il a la gueule ouverte et il a chaud.

Ou plutôt ne craignez rien; approchez, la peinture de Jadin vaut bien la peine qu'on la regarde de près; voyez-moi cela; comme c'est peint, comme c'est empâté, comme c'est crâne. C'est un rude portraitiste que Jadin, et bien des gens qui ont le portrait de leur chien peint par Jadin, voudraient bien avoir leur portrait à eux dans une valeur égale à celle de ces heureux quadrupèdes. Nous avons déjà, dans un autre article, établi la grande différence qu'il y a entre Jadin, portraitiste de chiens, et Stevens, peintre d'animaux.

Jadin fait des portraits; Stevens fait des types. Jadin laisse aux animaux qu'il peint leur physionomie d'espèce et de race; Stevens donne aux chiens qu'il invente son esprit à lui, ce qui fait que ses chiens ont quelquefois, comme ceux de Landseer, la physionomie tant soit peu humaine. Une fois, au reste, Jadin s'est lancé dans ce domaine de la fantaisie qui fait tant soit peu partie de la propriété du fabuliste. On se rappelle ses *Sept péchés capitaux*, véritable chef-d'œuvre du genre. Plus les chiens de Jadin sont peints de grandeur naturelle, plus ils ont de valeur, car plus il peut leur conserver leur caractère.

En face de milord Pascommode est Druide, bulterrier,
même qualité, même valeur que dans son pendant, c'est
non-seulement une merveille d'adresse, mais d'exécution. Faites-nous toujours des chiens, mon cher Jadin,
et faites-nous les surtout, tant que vous pourrez, grands
comme nature.

M. HEFFEH est moins prodigue de son pinceau que
Jadin. On sent, en effet, qu'il n'est pas assez riche
pour prodiguer les meutes comme fait le millionnaire
Jadin, qui tient au bout de son pinceau, non-seulement
tous les chiens enrégimentés de France, mais encore ces
chiens vagabonds qui errent dans les rues de Constantinople et de Tunis.

M. Heffeh n'a fait qu'un chien, mais que ce chien est
heureux, qu'il a chaud, mon Dieu ! qu'il est bien près
de ce poêle ! quels airs penchés il se donne ! comme il
entr'ouvre son œil câlin, comme il tire sa petite langue
rose !

M. Heffeh est bien certainement l'ami intime de ce chien ;
M. Heffeh a fait exprès pour lui la dépense de ce poêle ;
ce poêle est trop petit pour chauffer autre chose que ce
petit chien. Il est vrai que le poêle est bien rouge ; en
tout cas, le petit chien de M. Heffeh, — nous lui en faisons notre compliment, — est aussi spirituel que peut
l'être un petit chien très-laid ; il est vrai que plus les
chiens sont laids, plus, en général, ils sont spirituels.

M. ROUSSIN a fait *Misère et Résignation*. L'armoire est
vide, le chat miaule, l'enfant pleure, la mère prie, le père
se demande ce qu'il lui reste à faire ; la pipe est à terre,

pas de tabac, bien entendu, et pas plus de pain que de tabac. C'est réussi de sentiment, d'effet, de ton. Vous avez bien rendu une situation navrante, M. Roussin, mais avouez vous-même que la chose est un peu grossièrement peinte. Nous vous disons cela en dernier, parce que nous ne nous en sommes aperçu qu'après; en regardant votre tableau on ne peut critiquer qu'après avoir été ému, mais enfin on critique.

M. LUMINAIS est un charmant talent du second ordre en instance, et du reste en bonne position de passer au premier. Il a de remarquables qualités; mais sa scène de cabaret, vraie par malheur, est en même temps immonde. Le sang coule sous les coups de bouteilles; les hommes sont repoussants et abrutis par l'ivresse, et l'on détourne avec dégoût les yeux de la femme, pauvre créature dégradée, tombée sous les premiers coups.

Que j'aime bien mieux, comme peinture, comme sujet, comme sentiment, ces enfants qui fouillent une malle ! La toile est pleine de lumière et toute réjouissante de tons distingués et brillants; les têtes sont jeunes, naïves, charmantes.

Nous avons cherché, sans pouvoir le trouver, le tableau intitulé *le Cri du Chouan.*

Un mot, en passant, sur M. ALLEMAND. Je me suis arrêté trois minutes devant son chemin des roches de Creponne. C'eût été bien peu si je n'avais eu que le tableau de M. Allemand à voir. C'est beaucoup, quand on doit s'arrêter devant trois mille tableaux. Si vous êtes jeune, continuez, M. Allemand, c'est très-bien, et, dans

ce cas, vous ferez encore mieux. Si vous êtes vieux, con-
solez-vous : beaucoup de gens, qui passent pour avoir
du talent, n'ont pas fait et ne feront pas les roches de
Creponne.

M. ACHILLE ZO a exposé une halte de contreban-
diers espagnols; c'est tout simplement d'une lumière
étourdissante, mais avec plus de lumière que d'harmonie. L'ensemble est un peu cru, un peu canaille
de ton, il y a trop de détails dans le mur; cela fait plus
de mal aux yeux que de plaisir; mais avec tous ces défauts qui peuvent disparaître, M. Achille Zo a fait un
tableau qui attire le regard, une œuvre remarquable
enfin.

M. AUGUSTE TOULEMOUCHE a exposé trois tableaux;
tous trois ont de la distinction, du sentiment, de la conscience, plus que de la conscience : une véritable patience de sauvage. Dans *la Leçon*, par exemple, chaque
chose est à son plan et un travail différent indique la
qualité de chaque étoffe; on suit la trame de la tapisserie, on apprécie la finesse de la mousseline. J'aurais dû
commencer par parler des têtes, mais voilà ce que c'est
que de si bien soigner les accessoires. Les têtes ne manquent cependant pas d'intérêt. La petite fille est sage et
intelligente; elle ira plus loin que sa maman, qui n'est
pas jolie; en somme c'est de la peinture miniature fort
curieuse à regarder et même assez amusante à voir.

M. BAUDIT a exposé, à notre avis, un tableau fort remarquable et qui, dès le premier jour, nous a attiré à
lui. Nous l'avons retrouvé depuis au nombre de ceux

qui ont été achetés pour la loterie. Nous en faisons notre compliment à la loterie. C'est un tableau que l'on aimera à gagner. Il représente *le Viatique en Bretagne*. Un pauvre prêtre de village, suivi d'un enfant de chœur, se hâte de porter le viatique à un mourant. Le chemin est mauvais, coupé par de nombreuses flaques d'eau ; mais la lune éclaire le paysage, mais le prêtre a la charité dans le cœur : vous arriverez à temps, monsieur le curé.

Il y a un grand effet dans ce toit de chaume surmonté d'un peu de fumée, dans cette lucarne qui jette une lumière triste, dans cette figure noire qui suit le bord de l'eau, et dans cet enfant qui porte une croix.

M. PHILIPPE ROUSSEAU a exposé un immense tableau qui vous saute aux yeux dès la porte du salon. Il est intitulé *Un jour de gala*. Des chiens, grands comme nature, de toutes les tailles, de tous les genres, de toutes les espèces, pillent une table admirablement servie.

Le reproche que nous ferons à ce tableau, c'est d'être trop bien fait. Il faudrait, dans cette peinture, un peu du désordre qui est dans le sujet. Si vous me racontez froidement une orgie, vous ne me griserez pas ; si vous me racontez froidement une bataille, vous ne me ferez pas peur ; si vous conservez votre sang-froid, vous m'obligez de garder le mien. Je vous écoute, mais vous ne m'entraînez pas. Dans le tableau de M. Philippe Rousseau, chaque chose, vivante ou inanimée, quadrupède ou ustensile, est exécutée avec une méthode parfaite. L'effet

qu'a voulu produire M. Philippe Rousseau a été très-
certainement de faire rire le spectateur. On rit, en effet,
mais le rire est le résultat, non pas de la première vue,
mais de la réflexion. En effet, deux chiens accouplés, qui
sont empêchés l'un par l'autre, reçoivent, l'un sur le
nez, l'autre sur le dos, une chaise dont le choc leur fait
faire une très-amusante grimace. Un petit chien noir se
sauve dans un raccourci excellent; deux autres chiens,
dans le coin à gauche, se sautent à la gorge avec autant
de rage que pourraient le faire deux hommes. Un de ces
convives non invités, lorsque tous les autres mangent
pâtés, gigots, volailles cuits à point, tout en dédaignant
un magnifique buisson d'écrevisses qu'un gourmand ne
dédaignerait pas, un de ces convives non invités mord
à belles dents dans un morceau de viande crue, apportée,
selon toute probabilité, de la cuisine, et qui était destinée
à faire pour le lendemain un superbe rôti. Cette viande
est admirablement faite; elle m'a rappelé celle de la cuisine des anges de Murillo. Si je passais tout le tableau
en revue, et que je critiquasse chaque chose individuel-
lement, je ne critiquerais pas, car je trouverais que
chaque chose est un petit chef-d'œuvre. Il y a à terre
des verres brisés qui sont d'une transparence toute cris-
talline; il y a un verre qui tombe, un verre magnifique, qui est d'une adresse et d'un fini incroyables;
mais, nous l'avons dit, cette immense toile pèche par
l'ensemble; certaine partie aurait dû être sacrifiée, tandis
qu'au contraire tous ces détails m'attirent à la fois : or-
nement de muraille, broderie de chaise, tout est du même

fini. C'est un grand tort. Les détails devraient être re-
poussés au troisième plan, et tout devrait être sacrifié
au gros chien qui domine l'orgie et par sa taille et par
la place qu'il occupe dans le tableau.

Ah ! si ce chien avait été fait par Jadin.

CÉLESTIN NANTEUIL. Célestin Nanteuil est un esprit
charmant et un cœur d'or. Cela vous est bien égal, me
répondrez-vous. Non point, car Célestin Nanteuil se traduit dans ses œuvres ; Célestin Nanteuil travaille depuis
vingt-cinq ans, et, dans tout ce qu'il fait, on reconnaît
un sentiment de poésie et de tristesse qui ne demanderait pas mieux que de se changer en gaieté. Il faudrait
pour cela penser moins, vivre plus ; mais c'est un rêveur,
que voulez-vous ? Nanteuil compose tous les jours plusieurs lithographies et même plusieurs bois, et pendant
qu'il les exécute, il rêve des galeries tout entières de
tableaux dont il ne peindra jamais la centième partie.
Il a trois toiles à l'exposition, *Ivresse*, *Séduction* et *Per-
dition*. L'ivresse est une toute petite toile représentant
une bacchanale d'amours longs comme le doigt, enve-
loppant de leurs farandoles un Silène auquel une nymphe
verse à boire ; un tigre se roule à terre comme un gros
chat ; le soleil brille ; les montagnes sont bleues et les
figures nagent dans un atmosphère d'un blond charmant.
Nous sommes étonné que ce petit bijou n'ait point été
acheté pour la loterie.

Les deux grands panneaux intitulés *Séduction* et *Per-
dition* représentent, comme vous le pensez bien, un sujet
allégorique. Séduction est une jeune fille hésitant un

instant avant d'entrer dans le temple de l'Amour ; mais l'Amour la pousse, l'Amour l'entraîne ; la route est jonchée de fleurs : il est évident qu'elle suivra cette route jusqu'au bout.

Mais ce n'est pas le tout que d'entrer dans le temple de l'Amour, il faut en sortir un jour ou l'autre. Dans le second panneau la jeune fille en est sortie. Tout a changé d'aspect ; des roches autour d'elle, des épines sous ses pieds, un précipice au lieu d'une route, et, dans ce précipice, la misère qui lui tend de son bras décharné un maigre morceau de pain.

L'aspect de la peinture de Nanteuil est agréable à la vue, quoiqu'elle manque un peu de science et de solidité. Cependant les qualités de l'œuvre sont réelles, et nous savons d'autant plus de gré à l'artiste de faire de temps en temps une belle page peinte, que ces pages sont loin de lui rapporter ce que rapporterait la même étendue en bois ou en pierre lithographique.

Le ministre de la maison de l'Empereur a, nous assure-t-on, acheté l'un de ces deux panneaux. Nous exprimons le désir qu'il s'aperçoive qu'en achetant l'un il a dépareillé l'autre.

CHARLES MARCHAL. Charles Marchal a exposé trois tableaux : le *Frileux*, le *Dernier baiser* et *Peines perdues*. Marchal est plutôt un moraliste par la pensée qu'un peintre par l'exécution.

Son tableau de frileux, qui pourrait plus justement s'appeler le fils du riche et le fils du pauvre, nous montre deux enfants au milieu d'une plaine couverte d'un immense tapis de neige; l'un des deux, enveloppé de fourrures, couvert des habits ouatés de la richesse, grelotte, malgré son riche vêtement, du tremblement de l'enfant habitué aux larges cheminées de marbre et aux poêles rougis par la chaleur.

L'autre, à moitié nu, assis sur la glace, a pétri de ses petits doigts rouges mais solides, une boule de neige qu'il offre à son camarade aristocrate pour le réchauffer.

Le Dernier baiser représente une mère se séparant douloureusement de son nouveau-né à la porte des Enfants-trouvés.

La Tentation est symbolisée par une vieille femme venant murmurer des paroles de luxe et de corruption à l'oreille d'une jeune fille qui continue son travail sans l'écouter.

Vous le voyez : ce n'est pas seulement de la peinture que fait Marchal, ce sont des idées qu'il jette sur la toile. Il y a deux ou trois ans, un grand tableau de lui, le plus grand qu'il ait exécuté jusqu'à présent, a produit beaucoup d'effet. C'est que ce tableau était encore une idée. Des masques avinés, jeunes gens en pierrots, jeunes filles en débardeurs, fragments déchirés de la descente de la Courtille, se heurtaient, par un ciel grisâtre et froid, aux premières lueurs du matin, avec des sœurs de charité sortant d'une église.

Dans une époque où beaucoup de peintres réalistes se contentent de copier un modèle, d'appuyer le poing de ce modèle sur le velours d'une table, de couvrir cette table de hanaps, de coupes, de carafes et de bouteilles,

on doit savoir gré à l'homme qui persiste à croire qu'au
fond de chaque créature humaine il y a une lampe qui
brûle, et qu'il n'y a pas de mal, en mettant le corps sur
la toile, de mettre une âme dans ce corps.

Mme HENRIETTE BERTAUT a choisi pour son exposition de cette année un sujet tiré d'un livre de moi :
Une année à Florence : le père de Buondelmonte appelle
la vengeance de ses concitoyens sur l'assassinat de son
fils.

Entrez dans le grand salon, vous ne chercherez pas
longtemps. Le seul de tous ces tableaux qui vous attirera
tout d'abord par sa couleur vénitienne, sera celui de
Mme Henriette Bertaut. Mais, en vous approchant, vous
verrez qu'il vous offrira encore d'autres qualités que la
couleur. L'ensemble est plein de passion et de douleur :
le mouvement du vieillard, qui lève son épée vers le ciel,
est à la fois furieux et désespéré. Peut-être pourrait-on
demander plus de correction au dessin, plus de solidité
et d'équilibre dans les murs, mais il faut songer que
Mme Bertaut en est à sa deuxième exposition, et que les
qualités *homme* sont tellement remarquables dans ce
tableau, que l'on peut bien accorder quelque chose à la
faiblesse *femme*. Si notre parole était de quelque poids
auprès des rémunérateurs de l'art, nous leur dirions :
Il est de votre devoir de soutenir ce fier pinceau, d'encourager cette virile intelligence.

CHARLES-LOUIS MULLER. *Proscription de jeunes Irlandaises catholiques.* Il faut connaître personnellement
Muller, assister à ses aspirations vers l'art élevé, pour

comprendre jusqu'à quel point les succès qu'il a sont
différents de ceux qu'il voudrait avoir. Nul n'a plus d'enthousiasme que Muller, lorsqu'il commence un tableau ;
nul n'a plus de découragement que lui lorsqu'il l'achève ;
son énorme facilité de pinceau est un reproche qu'il se
fait éternellement à lui-même ; et, cependant, malgré
cette facilité de pinceau, il ne peut mettre sur la toile
ce qu'il voit rayonner dans son imagination : chairs palpitantes du Titien, longues draperies de Paul Véronèse ;
il en résulte qu'il remplace par un sentiment nerveux
ce large sentiment des maîtres qu'il admire et qu'il voudrait suivre. Cela donne à ses tableaux, fort remarquables du reste, fort charmants à voir, fort appréciés des
femmes, quelque chose d'un travail pénible et qui manque
de naïveté. Ce qu'il fait est toujours *voulu*, mais n'est
pas toujours *réussi*. Il y avait beaucoup de cela dans le
talent littéraire de Frédéric Soulié. Tout ce qui s'apprend en peinture, Muller le sait ; tout ce que l'on peut
atteindre en grâce et en finesse, Muller l'atteint ; mais,
malheureusement tourmenté par un sentiment très-juste
de l'art, par une appréciation merveilleuse des maîtres
et par la conscience de la presque impossibilité d'atteindre à leur hauteur, il ne s'obstine pas moins à vouloir
faire la grande peinture, la peinture dramatique, la
peinture des géants. L'intention est louable, mais la force
manque.

Et cependant il y a dans Muller un tel désir de faire
grand, qu'à chaque exposition nouvelle il essaye une
nouvelle tentative. Deux ou trois fois il a réussi. Nous

nous souvenons d'une *Lady Macbeth* qui était vigoureusement faite, magnifiquement empâtée et dans laquelle tout était d'accord, gestes, sentiments, expressions, couleurs. Ce que nous venons de dire nous intéresse tellement, nous sommes tellement l'ami de son pinceau, il nous inspire une telle sympathie pour la lutte qu'il soutient, qu'au lieu de lui dire comme les critiques ordinaires : Renoncez aux sujets dramatiques, M. Muller, faites des jeunes filles à la fontaine, des déjeuners sur l'herbe, des causeries sous les arbres, nous lui disons : Courage, Muller; il y a de très-bonnes choses dans vos jeunes Irlandaises; continuez à vouloir; il y a dans votre ténacité un hommage à l'art qui aura sa récompense.

Ohé! les p'tits agneaux!

Il ne s'agit pas ici, chers lecteurs, de cet air canaille dont on vous a si souvent assourdi les oreilles, mais d'un charmant tableau de M. BRENDEL, ayant pour sujet de *petits agneaux* sortant de la bergerie. Ces charmantes bêtes ont des airs naïfs et tapageurs qui font ressembler leur sortie de la bergerie à une sortie d'école. Il paraît qu'il est aussi amusant de sortir de la bergerie, quand on est petit agneau, que de l'école quand on est petit garçon.

Tous les mouvements, toutes les physionomies des moutons de M. Brendel sont justes; et cependant chacun a une physionomie, chacun a une allure à lui. Il faut une mémoire merveilleuse et un grand talent d'observation pour faire un tableau où le modèle ne pose pas, et où l'on a à peine le temps de le voir passer. On retrouve les mêmes qualités dans *le Départ des champs*, dans

Une bergerie et dans *un groupe de moutons* ; c'est bien peint, c'est suffisamment empâté, et les lointains sont sacrifiés avec beaucoup d'adresse pour faire valoir les premiers plans.

Cependant nous dirons à M. Brendel : Si jolis que soient des moutons, ne faites pas que des moutons, car on ne tardera pas à vous reprocher de n'avoir sur votre palette que deux tons, le gris et le blanc, et ni le gris ni le blanc, vous le savez mieux que moi, ne sont pas de la couleur.

M. BLEIN. *Le matin dans la lande.*

J'ai beau chercher, je ne vois que quatre tons dans le tableau de M. Blein ; les autres sont sacrifiés avec une extrême adresse. De là cette tranquillité parfaite du tableau, malgré les innombrables détails qu'il renferme ; le ciel est léger, transparent, plein d'air. Avec quoi M. Blein fait-il ces charmants verts si insaisissables dans la nature ?

Après l'orage, en Bretagne, est d'un aspect plus sombre, plus triste, le pays y prête, mais les ombres restent transparentes, les flaques d'eau sont d'un ton un peu dur ; les arbres un peu lourds ; il y a même quelques taches au soleil, mais cela ne nous inquiète pas. M. Blein est un talent jeune, ferme et franc que nous attendons au prochain Salon.

Avez-vous vu, comme moi, chers lecteurs, une *Arrestation sous la Terreur,* de JEAN GIGOUX ? Si vous l'avez vue, vous avez dû regretter comme moi que l'illustre artiste ait des opinions tellement conservatrices, qu'il se soit décidé à faire une pareille caricature. Comment l'homme qui fait *Cléopâtre*, qui a fait *les Vendangeuses*, qui a peint tant de toiles d'une si belle couleur, qui a fait tant de vignettes d'une si charmante tournure, a-t-il pu se décider à peindre ce sans-culotte idiot, cette femme scrofuleuse et cet enfant rachitique ?

Au reste ce tableau a disparu, à ce qu'on nous assure. Les acheteurs légitimistes étaient-ils tellement pressés de le posséder qu'ils n'ont pas pu attendre la fin du Salon ? ou bien l'artiste a-t-il eu le bonheur d'avoir des amis assez courageux pour lui dire de ne pas laisser une pareille tache au Salon et pour ajouter, comme moi qui suis aussi un ami de vingt ans, et même de trente :

— Mon cher Gigoux, nous vous le pardonnons cette fois, mais que cela ne vous arrive plus.

X

CHAPLIN — VIDAL — BERCHÈRE — DESHAYS — CARRAUD — ANTIGNA — Mlle HERBELIN — Mme DELVILLE CORDIER — CLESINGER — CHATROSSE — EUDE — CAUDRON — VALLETTE — FRANCESCHI — ÉDOUARD TINANT — JOSEPH BONHOMMÉ — CONCLUSION

CHAPLIN, un des persécutés du Salon, est et sera le Boucher du dix-neuvième siècle. C'est gracieux, joli, bleu, rose et glacé d'argent. Impossible à une femme du monde de ne pas s'écrier : C'est charmant en face d'une toile de l'auteur des *Premières roses*.

Chaplin avait cette année au Salon deux trumeaux, *l'Astronomie* et *la Peinture*. Charmantes peintures de dé-coration qu'il a enlevées pour les joindre, dans une exposition particulière à *Une étoile*, son tableau refusé par le jury.

Nous avons déjà dit à propos de Mme O'Connell ce que nous pensions de ce refus.

Ces trois tableaux sont chez Tournachon-Nadar, où ils en appellent au public du jugement rendu contre eux.

Le jury avait supposé à la *pauvre étoile* une intention libertine.

Nous avons vu cette *charmante étoile*, et elle nous a fait quelque peu songer à celle du berger, mais voilà tout.

Pourquoi VIDAL, qui fait des pastels comme personne n'en fera jamais, fait-il de la peinture comme tout le monde en fait? c'est une faute, et pour un homme d'esprit c'est pis que cela. Plus de peinture, mon cher Vidal, excepté pour vous, pour votre famille, pour vos amis, mais des pastels, de ces pastels adorables qui font rêver les amants devant les maîtresses que depuis dix ans ils n'ont plus.

M. BERCHÈRE a exposé au Salon un tableau d'un aspect terrible. Il a nom *le Simoun* et peut lutter corps à corps avec les meilleures peintures de Fromentin, l'homme du Sahel et du Sahara. Tout est d'ensemble dans cette belle toile.

Les chameaux couchés à terre ont bien le sentiment du danger qu'ils courent. Le ciel, aussi solide que le terrain, donne l'idée d'une énorme quantité de sable soulevée par le vent.

L'aspect du simoun est terrifiant.

Les autres tableaux moins dramatiques disent tous parfaitement ce qu'ils veulent dire, et chacun d'eux, comme le *Simoun*, porte son impression avec lui.

Ce sont *les Colosses de Memnon* et *les Plaines de Thèbes* pendant l'inondation du Nil;

Les Tombeaux de la vallée des Califes, au Caire;

Un Effet de soir, dans la vallée du Sinaï.

Tout cela est exécuté d'une main savante et franche, sans mollesse, sans sécheresse. Tout cela est harmonieux, fort et sympathique. M. Berchère, que nous n'avons pas le plaisir de connaître, a du talent, et beaucoup de talent.

M. DESHAYS a succédé à Cicéri. Comme Cicéri, il possède une merveilleuse adresse. Ce qu'il fait est gris perlé, joli, plus amusant et moins monotone que Hoguet, dont nous sommes cependant bien loin de contester le talent réel et qui en tous cas a eu celui de trouver les procédés qui font les trois quarts du mérite de M. Deshays.

Sans Cicéri et Hoguet, nous n'aurions, selon toute probabilité, jamais eu M. Deshays, qui procède des deux aussi directement que le Saint-Esprit procède du Père et du Fils. Nous le regretterions fort, car nous voudrions voir les toiles de M. Deshays aussi appréciées quelles méritent de l'être.

M. CARRAUD avait, si je m'en souviens bien, quatre tableaux au Salon de 1859. *Une représentation* d'Athalie devant le roi *Louis XIV*; *Louis XV et madame Dubarry*; la *Lettre de recommandation* et le *Billet surpris*.

On peut dire de tout cela : *c'est trop bien fait.* Singulière critique, n'est-ce pas ; la seule cependant qui puisse atteindre les toiles de M. Carraud.

Chez M. Carraud, c'est l'irréprochable exécution qui attire les yeux tout d'abord. Les Terburg, les Metzu, les Gérard Dow, tous aussi faits et aussi bien faits que possible. Mais avec un grand sentiment, et si simple que soit le sujet d'un tableau, il n'intéresse qu'après qu'on l'a compris ; et ce n'est qu'après s'être arrêté sur la physionomie des personnages, sur le bonheur de leurs poses, sur la grâce de leurs mouvements, que l'on peut admirer un baudrier, un tapis, un verre qui sont autant de petits chefs-d'œuvre. Certaines choses, simplement faites ou habilement sacrifiées, font valoir des détails traités avec amour.

Mais dans les tableaux de M. Carraud, les pincettes, s'il y en avait, seraient faites avec ni plus ni moins d'entraînement que la figure principale.

C'est bien, c'est très bien d'un bout à l'autre ; mais le talent de M. Carraud est un de ceux qui font penser aux perfectionnements de la mécanique, tant ils renferment de précision.

Quant à moi, peut-être ai-je tort ; mais j'aime mieux une tête naïvement sculptée par le couteau d'un paysan que le chef-d'œuvre de la science mécanique la plus habile et la plus précise.

M. ANTIGNA a exposé quatre tableaux : *Scène de guerre*

*civile, — Baigneuse effrayée par une couleuvre, — la Des-
cente, — le Sommeil de midi.*

Ce que nous préférons de tout cela, c'est *le Sommeil
de midi,* toute petite pochade parfaitement réussie ; impression de cinq minutes parfaitement rendue.

Cette pochade a été faite si vite, que M. Antigna n'a
pas eu le temps d'y mettre ses défauts.

Elle représente une petite fille qui dort la tête en
racourci et en pleine lumière, ce qui ne l'empêche pas
d'être fraîche comme une rose.

Bravo pour *le Sommeil de midi.*

La *Scène de guerre civile* représente des gens effrayés,
s'attendant à voir leurs maisons envahies, et se prépa-
rant à résister. C'est dramatique et assez largement fait ;
mais un peu vulgaire et trop lâché.

La fermeture du Salon, l'éloignement où nous en
avons été tenu pendant les derniers jours, par une
blessure au genou, nous forcent de passer sous silence
les deux autres tableaux de M. Antigna, que nous n'a-
vons pas assez vus pour pouvoir en parler.

Mme HERBELIN, l'héritière directe et incontestée de
Mme de Mirbel, est, cette année, comme toujours, la
reine de la miniature.

On ne saurait faire, pour les petits chefs-d'œuvre de
Mme Herbelin, ce que l'on fait pour une toile de Bou
langer, d'Hébert ou de Gérôme, c'est-à-dire la détailler.
Non. Il suffit de dire : Passez dans la salle des m

niatures, et arrêtez-vous devant celles de Mme Herbelin.

Puis ajoutons :

Et devant celles de Mme Delville-Cordier, qui a exposé sept petits cadres des plus remarquables sous le numéro 840.

Le SCULPTEUR CLESINGER, comme il s'appelle lui-même, ce robuste et infatigable producteur, a introduit au changement, deux nouveaux bustes de femmes et une nouvelle *Sapho* au Salon.

Rien de charmant comme le buste de femme qui a une rose légèrement teintée dans les cheveux.

Quant à la *Sapho*, je la préfère de beaucoup à la première, achetée par M. Nicolas Koucheleff. La tête est assez belle, pleine de noblesse et de pensée ; la draperie est un peu lourde, et je regrette l'abus de la couleur sur ce beau marbre.

Je sais bien que la statuaire antique employait ce moyen ; mais cependant il ne reste pas trace de couleur sur la Vénus de Médicis, la Vénus de Milo ou la Vénus d'Arles.

Sait-on bien l'époque où la couleur fut employée par les statuaires ? A coup sûr, au commencement et à la décadence de l'art. Mais l'a-t-elle été pendant son apogée ?

En tout cas, d'habitude Clesinger, un peu prodigue de ce moyen d'effet dans sa *Sapho*, emploie la couleur avec beaucoup de goût et de ménagement. C'est un de ces hommes qui ont l'instinct du beau, et qui suit les conseils tout en ayant l'air de ne pas les écouter.

M. CHATROSSE a fait deux statues et un groupe : *la Résignation* et *l'Art chrétien*, voilà pour les statues.

Héloïse et Abailard, voilà pour le groupe.

L'Art chrétien est destiné à la cour du Louvre.

La Résignation à une niche de l'église Saint-Sulpice.

Quant à *Héloïse et Abailard*, le livret ne nous donne aucun renseignement sur sa destination.

La chose supérieure nous a paru le groupe d'*Héloïse et Abailard*. Quoique la scène se passe avant la vengeance de l'oncle Fulbert, nous pouvons dire que le sentiment des deux figures est doux, chaste et tendre. Il est vrai que les deux amants se regardent avec tant de tendresse, que la chasteté d'aujourd'hui pourrait bien être de la passion demain.

L'Omphale de M. EUDE a des airs formidables et terribles qui vont tout à fait bien au sujet. Les attributs masculins dont elle est entourée ne font qu'ajouter à la grâce de la femme. Il est évident qu'elle ne peut ni même ne veut pas se servir de cette massue. C'est une vraie femme qui s'est emparée des armes d'Hercule par pure coquetterie ; elle a poussé cette coquetterie plus loin encore, car il ne lui a pas suffi d'être bien dessinée et bien modelée, elle a voulu être dans une pose aisée et charmante.

C'est une œuvre agréable à voir et dont nous faisons compliment à M. Eude, que cette *Omphale*.

L'Innocence cachant l'Amour dans son sein, de M. CAUDRON, est une charmante figure dont le mouvement est à la fois plein de grâce et de chasteté. Les draperies sont souples et élégantes.

M. Caudron est un talent sérieux auquel on doit deux écorchés consciencieusement exécutés, et qui rendent chaque jour d'immenses services aux élèves. Il serait à souhaiter que le dernier écorché fût exécuté en grand, et placé dans les écoles.

M. VALLETTE a exposé un *Semeur d'ivraie*. A la première vue, on se sent attiré par cette figure, on sent qu'elle représente une idée, et que ce démon est Satan semant le mal. La figure est bien pensée, bien exécutée ; le mouvement est juste, la tête pleine d'expression ; c'est évidemment une des *très*-bonnes choses du Salon de sculpture.

M. FRANCESCHI a exécuté une *Andromède* dont le torse est beau, l'exécution large, la tête bien faite, bien placée ; mais, à notre avis, la jambe droite et le bras gauche laissent à désirer. Somme toute, œuvre remarquable.

M. ÉDOUARD TINANT a exposé un groupe intitulé : *Vierge et mère*. Le titre indique l'intention du sculpteur, nous dirons presque du poëte.

L'auteur a essayé, à ce que nous croyons, de reproduire la tendresse passionnée de la mère pour son enfant, l'admiration pieuse de la Vierge pour l'enfant Dieu.

Si c'était là l'intention de l'auteur, il a réussi. Les deux sentiments nous paraissent parfaitement fondus dans le visage de la mère, auquel nous ne ferons que le très-léger reproche d'être plus grec q''hébreux.

Ce groupe, au reste, a le mérite d'êt e exécuté en dehors de toute impression d'école.

Résumons ce grand travail que nous avons entrepris et poussé jusqu'au bout, tout en nous reprochant parfois la faiblesse de notre jugement et l'impuissance d'un art à expliquer un autre art.

Mais pour arriver à ce résultat, nous avons besoin de remonter le sentier qui conduit aux peintres, et de nous arrêter devant le dessin industriel de notre vieil ami Bonhommé, qui a quitté le pittoresque pour le positif, l'idéal pour la matière.

JOSEPH BONHOMMÉ, élève de Lethière et de Delaroche, a commencé par faire la peinture de tout le monde; mais, un jour, par accident, pendant un voyage en Belgique, il entra dans les forges de Philippeville.

Là, il fut frappé tout à la fois par le mouvement, la vie et la lumière si particuliers à ces sortes d'établissements industriels.

En effet, les forges de Philippeville sont mues par de puissantes roues hydrauliques. Des machines à vapeur mettent en travail d'immenses laminoirs, des cannelures desquelles jaillissaient des rails incandescents tout fabriqués. Il lui parut dès lors que ce côté de la lutte de l'homme contre la matière était trop négligé par l'art.

Autrefois, tous les grands peintres étaient en même temps de grands mécaniciens; Léonard de Vinci et Michel-Ange ont fait l'un pour Sforza des machines irrigatoires, l'autre, pour Florence, des travaux de défense. Et tout cela se faisait en même temps que Georges Agricola écrivait son livre *de la Chose métallique* pour l'empereur Charles-Quint.

Bernard de Palissy, quarante ans plus tard, pétrissait d'argile animée ses plats splendides et ses vases magnifiques, et, pendant qu'ils séchaient, écrivait dix-huit ou vingt traités parmi lesquels on remarque ceux *de la Terre, des Eaux et Fontaines, de Métaux et Alchimie, des Pierres et des Terres d'argile.*

Dès lors, Bonhommé se consacra à la spécialité de la lutte de l'homme contre la matière.

Il fit des voyages en Prusse, en France, en Allemagne, toujours attiré vers les forges et les mines.

Bonhommé expose, cette année, trois tableaux intitulés: *La Houille, la Fonte, le Fer, les Machines;*

Le Marteau à pilon;

Les Laminoirs à rail.

Ces tableaux, fort remarquables, du reste, nous ont fait revenir à la mémoire le reproche que nous a fait un de nos confrères sur notre peu de sympathie pour la peinture *genre bataille.*

Ce confrère s'étonnait que, fils d'un général qui avait

fait les plus glorieuses campagnes de la République, et qui y avait pris une part active, nous osions avouer le regret que nous éprouvons lorsque nous voyons dépenser un talent remarquable à couvrir des toiles immenses de fumée, de morts et de mourants.

Hélas ! nous le répétons, cette même répugnance pour le sang répandu en réalité ou en peinture, ne s'est point amoindrie aux reproches qui nous ont été faits. Il y a une si grande anomalie, à notre avis, entre le progrès et la guerre, que nous pensons que l'une des deux choses ne peut marcher qu'aux dépens de l'autre.

Mais que l'on ne vienne pas reprocher à notre antipathie de s'étendre à toutes les batailles, ou plutôt à toutes les luttes.

Levez les yeux dans la galerie d'Apollon, au Louvre, et, au-dessus de votre tête, vous verrez un magnifique plafond de Delacroix, représentant *le Combat d'Apollon contre le serpent Python*.

Voilà la grande guerre, le grand combat, la grande lutte. C'est la lutte du jour contre la nuit, du soleil contre les ténèbres, de l'intelligence contre la matière.

C'est la lutte que l'humanité poursuit depuis qu'elle existe, et qui lui a été léguée par Apollon, Dieu de la lumière.

C'est la lutte de Prométhée contre Jupiter, d'Ulysse contre Thersite, d'Homère contre Zoïle, de Socrate contre Anytus.

C'est la lutte de Galilée contre l'Inquisition, de Christophe Colomb contre Emmanuel de Portugal, de Fulton contre la France, l'Angleterre et l'Amérique.

Cette lutte-là est splendide, ces combats-là sont véritablement glorieux, cette guerre-là mérite toutes les couronnes.

C'est celle dont nous avons été, dont nous sommes, et dont nous serons jusqu'à notre mort un des plus infimes mais des plus ardents soldats.

INDEX

A

B

C

D

E

F

G

H

I

N

O

P

R

S

T

U

V

www.ingramcontent.com/pod-product-compliance
Lightning Source LLC
Chambersburg PA
CBHW071535220526
45469CB00003B/795